Altstadtperlen Weimar

EIN BUCH VON MICHAEL HESSE UND MATTHIAS SCHMIDT

RHINOVERLAG

Über die Autoren
MICHAEL HESSE

Michael Hesse – geboren, aufgewachsen und ausgebildet in Weimar. Als Maschinenschlosser hat er in der Taktstraße das Schrauben erlernt und sein Abitur abgelegt. Danach gings direkt und ohne Umwege zum Radio als Volontär. Von 1992 bis 1998 studierte Hesse Sozialwissenschaften in Göttingen, Bristol (Großbritannien) und Harare (Simbabwe).

Urlaube und Abenteuerreisen führten ihn durch Afrika, Asien Südamerika und Europa. So hat er beispielsweise den Mont Blanc bezwungen und das Mittelmeer durchsegelt.

1999 hat Hesse täglich über das Kulturstadtjahr Weimar im Radio berichtet. 2002 bis 2004 Kulturmanagement in Weimar studiert. 2006 folgte ein Intermezzo als Pressesprecher beim Kunstfest Weimar und in den Folgejahren beim Rendezvous mit der Geschichte und der Band Rest of Best.

Seit 1989 bis heute arbeitet Hesse als angestellter oder selbstständiger Redakteur und Reporter für diverse Radiostationen wie den MDR.

Über die Autoren
MATTHIAS SCHMIDT

Matthias Schmidt – hat in Weimar seine Kindheit und Schulzeit erlebt und diese mit dem Abitur 1992 am Friedrich-Schiller-Gymnasium beendet.

Dann begannen die Wanderjahre: Student der Betriebswirtschaft in Kempten, Zivildienstleistender im Operationssaal einer chirurgischen Klinik in München, Architekturstudium in Weimar, Perspektivwechsel und Lebenserfahrung in Neapel (Italien) und immer wieder zurück nach Weimar. 2002 Diplomabschluss als Architekt an der Bauhaus-Universität in Weimar.

Schweizer Jahre 2002–2015: erste berufliche Erfolge im Architekturbüro Richard Brosi in Chur. Danach 11 Jahre kreativer Kopf für das Architekturbüro Gieffestudio in Lugano/ Tessin.

2010–2011 Familienauszeit und Reflektionszeit zwischen Meer und Olivenhainen in Otranto (Italien) und zurück nach Lugano: „…. in jedem Anfang wohnt ein Zauber inne …" Rückkehr und Heimat: seit 2015 wieder in Weimar, den Schatz der Ferne veredeln und Gründung von glueckskind & schmidt.

Vorwort
THOMAS THIEME - SCHAUSPIELER

Das alte Weimar. So sehr alt ist es, als hochzivilisierter Ort – natürlich nicht. Richtig bekannt ist es auch erst seit Goethe. Aber seitdem hat die Stadt einen eigenartig-einzigartigen Charme. Dass sich der – trotz vieler Attentate der wechselnden Stadtregierungen darauf – noch immer erhalten hat, liegt ganz besonders an Leuten, die Michael Hesse und Matthias Schmidt in ihrem Buch so liebenswert porträtieren. Die Fairness verbietet es, etwas aus diesem Buch hervorzuheben. Natürlich interessiert mich das eine mehr, das andere weniger. Aber darauf kommt es nicht an. Und darauf sollte es auch dem Leser nicht ankommen. Das Besondere an dem Buch ist, dass es eine kleine Kulturgeschichte der kleinen Stadt präsentiert. Und klein bedeutet hier nicht unbedeutend. Einiges angeblich Bedeutende in Weimar, auch bedeutende Institutionen, ist längst in Routine erstarrt. So etwas können sich die Porträtierten nicht leisten. Sie müssen jeden Tag dokumentieren, dass sie wichtig sind. Sie müssen neue Einfälle entwickeln, und sie entwickeln sie, wie das Buch von Hesse und Schmidt deutlich zeigt. Und niemand pampert sie, keine Stadt- oder Staatskohle fließt in ihre Kassen. Jeder Cent muss selbst erarbeitet werden. Aber das ist nur der praktische Teil der Veranstaltung. Der andere ist die einzigartige Romantik, die diese tollen Leute am Leben erhalten. Sie leben nicht in und von der Vergangenheit, wie viele andere in Weimar. Sie sind mittendrin im Tagesgeschäft, das bei ihnen nicht zum reinen Kommerz verkommt. Sie halten die Ästhetik des Merkantilen hoch; es muss nicht nur etwas bringen, es muss auch schön sein. Und die Ästhetik haben sie offenbar im Blut. Ich wünsche diesen besonderen Weimarer Leuten und dem schönen Buch von Michael Hesse und Matthias Schmidt großen Erfolg.

Thomas Thieme
Schauspieler, Regisseur, Weimarer
im Sommer 2017

Inhaltsverzeichnis

Einleitung / Prof. Dr. Eckardt	8–11
Keraminka / Ute Raabe	14–17
Krawatten Kaiser / Rudolf Kaiser	18–21
Stadtelster / Jessica Herber	22–25
Moccarot / Bettina Jörgensen	26–29
Artographie-Werkstatt / Christiane Werth	30–33
Design we.love / Mark Pohl	34–39
Malerie/ Susanne Steinmann	40–43
Café Caroline / Anja Lohaus	44–47
Zwillingsnadeln / Claudia Köcher	48–51
Franz & Willi / Franz Lademann und Willi Hartmann	52–55
Koriat / Aviv Koriat	56–61
Gartenliebe / Jens Richter	62–65
Weinbar Weimar / Philipp Heine	66–71
Brotklappe / Annika und Sebastian Lück	72–75
Biebereis & O fruto / Felix Bieber und Flávia Carvalho	76–81
Koi.7 / Ahyun Rebekka Kim	82–85
schauschau / Bettina Viertel	86–89
CaféLaden / Alexandra Tempel	90–95
Planbar / Robert Koch	96–99
Fama Café / Monique Schröder	100–103
Schmuck & Objekte / Nane Adam	104–107
Perlentaucher	108–113
Namen und Adressen	114–115
Impressum	116

Römisches Haus im Park an der Ilm

Einleitung

PROF. DR. FRANK ECKARDT
SOZIALWISSENSCHAFTLICHE STADTFORSCHUNG
BAUHAUS-UNIVERSITÄT WEIMAR

Weimar ist eine Stadt mit einem großen Namen. Wer sie zum ersten Mal besucht, hat bereits viel von ihr gehört. Mit viel Geschichte und bedeutendem kulturellen Erbe lockt sie viele Besucher an und ist für viele eine Stadt der Reflexion und des Sich-Vertiefens in die deutsche Geistesgeschichte. Ein hervorragender Ort, um sich auch mit den aktuellen Fragen nach nationaler Identität und Werten wie Freiheit und Demokratie auseinanderzusetzen. Weimar hat für die geistig-kulturelle Diskussion viele Orte. Pferdekutschen, Pflastersteine und Zitaten-Tafeln an vielen Hauswänden kommen zwar dem Bedürfnis vieler Touristen entgegen, Geschichte auch haptisch und visuell nachvollziehen zu können, aber sie drohen das Besondere Weimars auch überzustrapazieren, ihre Historizität festlegen zu wollen. Damit aus dieser historischen Bedeutungsebene von Weimar keine Erstarrung wird, darf sich eine Stadt nicht als Museum verstehen. In einem Museum werden Gegenstände und Geschichten, vergangene Taten und Ideen durch das Ausstellen lebendig. Für eine Stadt kann das so nicht funktionieren. Wenn man beides verwechselt, wird aus der Stadt eine Fassade und das wahre Leben findet woanders statt. Der Besucher mag den schönen Schein noch bewundern, er weiß aber eigentlich, dass die schöne Darstellung nur ihm oder ihr zuliebe aufrecht erhalten wird.

In Weimar hat diese Gefahr bislang nicht den Charakter der Altstadt prägen können. Es scheint vielmehr so zu sein, dass sich in den zwei Jahrzehnten, in denen ich diese Stadt nun kenne, leise und von vielen unbemerkt eine neue Authentizität entwickelt. Paradoxerweise bedeutet die Bewahrung des geschichtlich-geistigen Erbes Weimars nicht, dass sich kein neues – reales – Leben entwickeln kann, sofern man ihm dafür Raum gibt. Wie die hier dargestellten 21 Perlen anschaulich zeigen, ist genau dies geschehen, ohne dass jemand am Charakter Weimars als Stadt der Klassik und des Bauhaus gerüttelt hat. Die Kontroversen früherer Diskurse über Stadtentwicklung liefen fatalerweise immer auf ein Entweder-Oder hinaus: Entweder Neues befördern und Altes abwerten, oder umgekehrt. Die Entwicklung in Weimar zeigt, dass das Eine eher das Andere bedingt als ausschließt. Authentisch ist Weimar, weil es Menschen mit ihren Lebensentwürfen Platz gibt, sie einfach einmal machen lässt und man hier eine gewisse Sympathie und auch Vertrauen erhalten kann.

Was ist das Geheimnis dieses schönen Erfolgs, der in diesem Buch präsentiert wird? Die Überschaubarkeit, die behutsame und kleinteilige Stadt-Gestaltung und die bauliche Dichte, die aber nirgendwo erdrückend ist, tragen sicherlich dazu bei. Weimar hat etwas, das sich nur schwer beschreiben lässt. Atmosphäre.

Es sind die verwinkelten Gassen, die auf öffentliche Räume stoßen. Bäume und die immer präsente Nähe zum Ilm-Park brechen die Stein- und Mörtel-Stadt auf, lassen herbstlich Blätter durch die Straßen wehen, kreieren Schatten- und Lichtbilder für ein halb wirkliches, halb imaginiertes Weimar. Raum für Phantasie. Raum für das notwendige Tagträumen.

Doch die „Perlen" erzählen uns auch und vor allem eine Geschichte von Menschen. Und diese erscheinen nicht romantisch verloren herum zu wandeln, sondern einem eigenen Traum nachzugehen. Wer sind diese Menschen? Es fällt schwer, sie auf einen Nenner zu bringen. Aber wie dies bei den Autoren und ihrer eindrucksvollen Vita nachzulesen ist, scheint es sich nicht um Eigenbrötler zu handeln, die außer dem eigenen Kirchturm noch nichts gesehen haben. Im Gegenteil. Da blitzt viel Welt auf, die Maßstäbe sind global, der Anspruch begnügt sich nicht mit lokalem Applaus. Es sind Menschen, die kommen und gehen, die das Lebendige einer Stadt ausmachen. Und so ist es auch in Weimar. Touristen, Studierende, „Zugereiste", Flüchtlinge und viele andere kommen nach Weimar, bleiben länger oder kürzer. Ohne diese permanente Bewegung, Ebbe und Flut von Lebenserfahrungen und Zukunftsideen, erstarrt jede Stadt. Wer möchte, dass Weimar authentisch bleibt, wird sich für immer neuen Menschen öffnen müssen. In gewisser Weise ist Weimar eine Stadt für Rückkehrer, egal ob man hier geboren wurde oder auch nicht. Wer Träume und Ideen, aber auch Mut und Beharrlichkeit besitzt, wird sich in Weimar vielleicht einen Raum einrichten können. Die Stadtgesellschaft hat es in ihrer Vielfältigkeit geschafft, eine ansteckende Lebhaftigkeit neu zu entwickeln, die morgen schon als selbstverständlich und originell gelten wird. Heute allerdings sehen wir, dass sie das Werk von Menschen ist, die dafür Risiken eingegangen sind und vor allem auch hart gearbeitet haben. Weimar und seine Vitalität hängen sehr von ihnen ab und alle, die die Stadt nicht als die Kulisse der Vergangenheit sehen wollen, werden sich über diese Wiederkehr von Urbanität freuen.

Goethehaus am Frauenplan

Seifengasse in der Altstadt

21
ALTSTADTPERLEN

Keraminka

ATELIER / UTE RAABE

2 mal 3 macht 4 – jedenfalls bei Pippi Langstrumpf. Sie macht sich die Welt, wie sie ihr gefällt. Im Keramikatelier von Ute Raabe macht 3 mal 3 gleich Neune. Mit gerade neun Quadratmetern hat die Künstlerin definitiv das kleinste Ladengeschäft in Weimars Innenstadt. Und auch Ute Raabe macht sich die Welt, wie sie ihr gefällt: an ihrer Keramik wird täglich geformt und verbessert. Und jede Keramik ist ein Unikat. Entsteht eine Idee, dann muss sie bei ihr nicht lange in Arbeitskreisen, Ausschüssen und Workshops diskutiert werden. Ute Raabe setzt sie einfach um. Mit ihrer Kunst soll sich der Kunde wohlfühlen. Was da im Hinterzimmer des winzigen Verkaufsladens entsteht, muss nach ihren Ansprüchen eine gewisse „Wärme" ausstrahlen. Kälte und Sterilität, mag sie gar nicht. So haben jede Tasse, jeder Becher, jede Vase ein eigenes Gesicht und Bauch. Die gerade geometrische Linie, also die kürzeste Verbindung zweier Punkte, ist ihr fremd. Bei ihr schlägt die Gerade eine Kurve und wird zur Geodäte. Und so ist jede Keramik uns Menschen sehr ähnlich. Nicht gerade, leicht gewölbt und immer mit einem Bauch – klein, mittel und auch groß. Und jedes einzelne Stück – bitte achten Sie mal drauf – hat am Boden immer einen unglasierten, matten Rand. Ein weiteres ihrer Markenzeichen.

„FORM UND MALEREI MÜSSEN ZUEINANDER PASSEN. AUF EINE SUPER BAUCHIGE, KUGELRUNDE VASE EINE GIRAFFE MALEN – DAS FUNKTIONIERT HALT NICHT."

„ALTE SCHUHE FINDE ICH LANGWEILIG, NEUE DINGE SIND IMMER GERN WILLKOMMEN. NUR DIE SACHEN MACHEN, DIE SICH GUT VERKAUFEN, DAS IST MIR FREMD."

Ute Raabe bezeichnet ihr Keramikatelier als einen „Ein-Frau-Betrieb". Alles ist aus einer Hand. So wählt sie die drei Tonfarben aus, mischt die verschiedenen Glasuren – was manchmal eine echte Herausforderung ist – und rührt die Farben zusammen, mit denen sie ihre kleinen Keramikstücke zum individuellen Kunstwerk gestaltet. Ihre Ideen holt sie sich aus der Natur. Blätter, Blüten, Vögel und sogar die Thüringer Nixe lacht von ihren Vasen. Wundern Sie sich bitte nicht: In dem Regal gleich rechts neben dem Brennofen stehen weit über 30 Pinsel – über 100 hat die Künstlerin gesammelt. Warum eigentlich? Denn fürs Bemalen der Keramik braucht Ute Raabe nur drei Pinsel. Im Laufe der Jahre sind es so viele geworden, weil ein Pinsel sie immer drängt, Neue zu kaufen. Das ist ihr Lieblingspinsel. Den soll es so nicht mehr zu kaufen geben. Doch weil sie immer wieder auf der Suche nach einem Ersatz ist, entsteht so langsam eine Pinselsammlung. Groß, klein, dick, dünn, fein, grob – sie alle versammeln sich in einem großen Glas hinten rechts im Regal gleich neben dem Brennofen. Der Brennofen hat es in sich. Er wird nämlich ständig angestellt - mitten in der Werkstatt gleich neben dem Verkaufsraum. Bis auf 1240 Grad werden darin die geformten Tonstücke erwärmt – übrigens in zwei Phasen. Und wenn der Ofen dann mal richtig durchheizt, wird es in Werkstatt und Atelier kuschelig warm. Die insgesamt 21 Quadratmeter sind schnell erwärmt – die Heizung könnte sich Ute Raabe sparen. Wenn Sie dann noch zu Gast ins kleinste Atelier kommen, zeigt Ihnen Ute Raabe sicher auch mal ihre Stempelsammlung. Die einzelnen Motive schmücken ihre Keramik. Eines der schönsten Motive ist die Jakobsmuschel. In dreidimensionaler Form ist sie spiegelverkehrt auf dem Stempel eingearbeitet. Dieser wird dann einfach in die noch weiche Tonform gepresst und schon hat die Tasse ein ganz eigenes Aussehen. Halt ganz nach dem Motto von Pippi Langstrumpf: „Ich mach' mir die Welt widdewidde wie sie mir gefällt..."

KERAMINKA - ATELIER UTE RAABE, WINDISCHENSTRASSE 29, WEIMAR

Krawatten Kaiser

RUDOLF KAISER

Die schlappohrige und gehörnte Himalaya-Kaschmirziege produziert bis zu 200 Gramm feinste Wolle. 36 Gramm Kaschmirwolle ist in einer der Krawatten von Rudolf Kaiser verarbeitet. Sie ist deutlich zarter als die dünnste Schafwolle und damit gehört sie zu den edelsten Tierhaaren überhaupt. Ein Schwergewicht unter den Krawatten ist dagegen die Sieben Falten und extrem lange Seidenkrawatte „Handmade in Italy". Die Sieben Falten Krawatte gilt als eine der Ältesten. Um sie herzustellen, braucht es die doppelte Menge an Stoff – daher auch ihr Gewicht. Wird die Krawatte gefaltet, entstehen kleine Fächer ganz ohne Futter. Der Rolls Royce unter den Krawatten bringt 70 Gramm auf die Waage und ist über 1,5 Meter lang. Rudolf Kaiser hat in seinem Laden 2000 verschiedene Krawatten – nur wenige davon sind doppelt. Aber alle sind exklusiv. Ursprünglich hatte Kaiser mit der Krawatte nur wenig am Hut. Klar hatte er den Binder oder die Schleife schon während seines Studiums an der Kunsthochschule Dresden und dann natürlich auch als Maskenbildner am Deutschen Nationaltheater Weimar gern getragen. Doch so richtig auf die Krawatte ist er erst Anfang der neunziger Jahre gekommen. Bei einem Urlaub in Thailand hat er die asiatische Seide und deren Qualität kennen und schätzen gelernt.

„DER EMANZIPIERTE MANN HAT EINE SEELE, UND DIE MUSS GESTREICHELT WERDEN."

„MIT MEINEM OSTDEUTSCHEN MIGRATIONSHINTERGRUND FEHLTE MIR DIE WELTLÄUFIGKEIT."

Seine erste Kollektion „Made in Thailand" hat 82 Kilogramm gewogen. Damit im Reisegepäck eröffnete Kaiser 1994 am Rande der Schillerstraße in Weimar sein Geschäft. Euphorisch wartete der Jungunternehmer auf Kundschaft. Doch die blieb aus. Nach einer Woche musste Kaiser feststellen, keine seiner Krawatten zum Stückpreis von 39,00 Mark war verkauft. Kurz darauf suchte sich der Weimarer Ladenbesitzer Rat bei einem italienischen Krawattenverkäufer auf dem Kurfürstendamm in Berlin. Und da bekam er den richtigen Tipp: „Italien, Mailand – das seien die richtigen Adressen." Monate später: In Italien wurde Kaiser anfänglich belächelt. Mit seiner Idee von der Krawatte werde er nie Millionär. An dieser Stelle muss man erwähnen, die italienischen Krawattenhersteller sind durchweg Millionäre. Ihre Dynastien produzieren seit Jahrhunderten Krawatten, Streifen, Schleifen, Schals und Tücher aus feinster italienischer Seide oder Wolle. Und Kaiser kam mit der Idee, aus ihren Reststoffen seine Krawatten zu produzieren. Kleine Stückzahlen aus den Mustern, die auf den Messen präsentiert wurden. Daraus sollten seine Kollektionen entstehen. Kaiser nutzt den „Abfall" der italienischen Produzenten. „Und dann tauchte ich als Spinner auf. Nachdem ich ein Jahr später mit meinen eigenen Fliegen wiederkam, und danach immer wieder, und wieder…war ich akzeptiert." Noch heute lässt Kaiser kleine Stückzahlen herstellen. Das ist seine Nische. Verkauft wird weltweit, aber nicht im Internet. Seine Kunden hat er rund um den Globus. Australien, Südamerika, Europa, Deutschland. Und sie kommen gerne oder bestellen einfach telefonisch bei ihm. Und schon greift Kaiser zu einem Stoff. Feinste Seide. Natürlich – und das ist er sich treu – wieder nur ein Muster aus Italien. Ein helles Blau mit feinen Karos. Die verkaufe er an einen Herrn, der nun auch für seine Söhne Krawatten herstellen lässt. Zu Familienfeiern genießen die drei ihren eleganten Auftritt in harmonischer Vollendung. Wie sagt Weimars Krawatten-Kaiser so schön: „Schreit die Seele nach Perfektion, werden sie immer die Harmonie zwischen ihrem Kragen und ihrer Krawatte herstellen wollen."

KRAWATTEN KAISER, RUDOLF KAISER, MARKSTRASSE 6, WEIMAR

Stadtelster

GOLDSCHMIEDE & ILLUSTRATION / JESSICA HERBER

Wie wichtig sind dir deine Finger und Hände? Die sind mir sehr wichtig. Die sind mir in meinem Alltag fast das Wichtigste, weil ich damit alles schaffen kann, was mir Spaß macht, was mir Freude bereitet und Erfüllung im Leben gibt. Tatsächlich. **Deine Hände schaffen dir dein täglich Brot.** Genau. Sie sind der Output meiner kreativen Gedanken. Wenn ich die nicht hätte, wüsste ich schwer, wie ich das ausdrücken könnte, denn in Worte fassen kann man vieles nicht. Ich muss das malen oder bauen. **Deine Arbeit ist im direkten Sinne ein Handwerk, aber es gehört wesentlich mehr dazu.** Ja. Auf jeden Fall. Das Handwerk zu lernen ist die eine Sache, was man daraus macht, die andere. Also, es gehört wahnsinnig viel Kreativität dazu. In meinem Kopf ist immer was los. Das ist wie ein sprudelnder Quell. Natürlich wollen meine Kunden auch immer etwas Neues. Auch im Bereich der Illustrationen. Die wollen immer wieder überrascht werden, etwas Neues zu Gesicht bekommen. Und da ist es sehr wichtig, dass man kreativ ist und sehr phantasievoll arbeitet. **Woher holst du dir deinen Input für deinen Output?** Ja, das ist verrückt. Ich schau gar nicht so sehr nach außen. Es gibt ja viele Schmuckdesigner, die schauen in Zeitschriften für Angewandte Kunst und Design. Ich hab' das nicht gemacht.

„ICH BIN SEHR FREI, INDEM WAS ICH TUE. UND ICH DARF NATÜRLICH JEDEN TAG SEHR KREATIV SEIN. UND DAS IST EIN GROSSES GESCHENK."

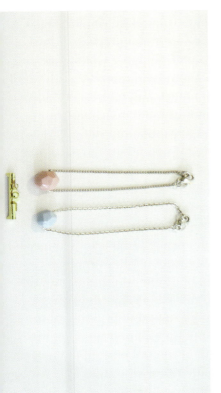

„OFT ENTSTEHEN DIE SACHEN WÄHREND EINES PROZESSES. ICH GEHE GERN WEG VON DIESEM KLASSISCHEN SCHMUCKVERSTÄNDNIS."

Weil wenn man soviel sieht dann kann mich das schon einschüchtern. Natürlich werde ich unbewusst beeinflusst. Ich nehme einfach ganz viel auf... Im Bereich Illustrationen ist das ähnlich. Das kommt alles aus meinem Kopf. **Deine Illustrationen sind sehr Tier und Natur behaftet. Das bedeutet für mich, du schaust dich schon in deiner Umwelt um?** Ja, das stimmt. Ich habe wirklich viele florale Muster, viele Tiere, die auf meinen Bilder sind. Ich bin sehr Wald und Tier affin. Mit Tieren bin ich aufgewachsen. In unserem Haushalt hatten wir immer viele Tiere. **Welche Materialien benutzt du?** Ich benutze alle Edelmetalle, die man so kennt. Von Silber bis zu Gold. Und kombiniere das natürlich gerne. Mit Edelstein, aber auch mit Holz, mit Leder, mit Kunststoff. Alles, was mir so unter die Hände kommt. Wo ich denke, das könnte eine schöne Kombination ergeben. Und die Leute sind auch immer wieder überrascht, dass da soviel möglich ist. **Welches Metall benutzt du am liebsten?** Hm. Am liebsten benutze ich tatsächlich 585er Gelbgold. Das ist ein sehr dezentes Gold, das hat eine dezente Farbe, es ist robust, es lässt sich wunderbar verarbeiten. **Kann ich mir deine Arbeit auch so vorstellen, dass da jemand mit einem Nugget oder einem alten Goldring kommt. Du schmilzt das ein und kreierst etwas Neues daraus?** Ja, so etwas passiert auf alle Fälle häufiger. Ich nutze auch alte Trauringe von Großeltern oder Eltern, die werden dann umgearbeitet oder eingeschmolzen. So entsteht da etwas ganz Neues draus. **Ein großer Teil deiner Arbeit wird auch von den Illustrationen eingenommen. Was hast du gerade illustriert?** Ich habe gerade einen wilden Dschungel gemalt. Der sticht heraus. Denn die Illustrationen sind oft sehr pastellfarben, sehr zurückhaltend. Und der Dschungel ist ziemlich dunkel, ziemlich grob von der Strichführung und ganz wild. Und extrem farbig und stark. Das hat mir ziemlich Freude bereitet. Ja, das war mal ein schöner Ausflug. **Was macht dir Freude an deiner Arbeit?** An der Selbstständigkeit an sich ist es die Selbstbestimmtheit. Das ist natürlich nicht immer ein einfacher Weg gewesen. Und natürlich auch der Kundenkontakt. Denn ich habe zum Teil super nette Kunden.

STADTELSTER - JESSICA HERBER, VORWERKSGASSE 5, WEIMAR

Moccarot

KERAMIKATELIER / BETTINA JÖRGENSEN

Fuchs, Löwe, Hai und Schaf gehören zu den Haustieren von Bettina Jörgensen. Eigentlich hat die Künstlerin einen privaten Zoo mit etwa 30 verschiedenen Tierarten. In feinen, zarten Linien schmücken sie ihre Vasen, Tassen oder Becher. So hat beispielsweise ihr Hase zwei lange Ohren – eines streckt er neugierig in die Höhe. Es scheint, als wolle er den Gästen im Keramikladen „moccarot" lauschen, an ihren Gesprächen teilhaben. Ente, Fuchs und Katze laden zum Bleiben ein. Sie alle haben ein verschmitztes Lächeln auf den Lippen. Neckisch, pfiffig und etwas spitzbübisch schauen sie in die Runde. Und aus der Ferne, natürlich etwas erhöht, beobachtet das Eulenpärchen mit großen runden Augen, was da um sie herum passiert.

Eine Schildkröte schleppt gerade mit kleinen Schritten ihren schweren Panzer über die Fliesen. Verfolgt wird sie vom Elch, der seine äußerst sensible Nase nicht nur für lauernde Gefahren und die Futtersuche benutzt. Mit seiner Nase kann der Elch auch hören. Elche unterhalten sich nämlich über die Duftsprache. Und vielleicht versteht auch der Frosch etwas davon.

„ES IST SEHR BEFRIEDIGEND, WENN MAN SIEHT, WAS JEDEN TAG ENTSTANDEN IST."

„ICH KANN HIER NICHT SITZEN UND VOR MICH HINTRÄUMEN."

Er hat sich auf seiner Tasse im Regal bequem zurückgelehnt und sitzt auf seinen langen, hinteren Beinen. Die kurzen Beinchen hält er verschränkt, so als wolle er gerade Maniküre betreiben. Genüsslich schaut er der Keramik-Künstlerin bei der Arbeit zu.

Durch eine Stufe erhöht, ganz am Ende des Verkaufsraumes steht die Töpferscheibe von Bettina Jörgensen. Ihre Vasen, Tassen, Becher produziert sie in kleinen Serien. Was sie am Tag dreht, das passt auf ein etwa zwei Meter langes Brett. Einen Tag später ist alles leicht getrocknet, der Töpfer spricht von lederhart. Nun wird die Keramik abgedreht. In diesem Zustand kann die Form verbessert, die Bodenplatte bearbeitet und ein Henkel angesetzt werden. So entsteht ein schlichtes klares Design mit warmen Farben. Knallbunt kommt bei Bettina Jörgensen nicht vor. So soll die Vase die Blumen wirken lassen, nicht umgedreht. Ihre auf die Außenseite der Keramik aufgebrachten Blumen, Bäume oder Tiere sind reduziert und lenken nicht ab. Sie entstehen auf einer Schablone aus Papier. Dadurch wirken sie statisch, immer gleich. Die Gesichter ritzt sie mit einer Nadel in den Ton. Jedes Tier erhält so ein anderes, ein ganz persönliches Lächeln. Die fertigen Formen kommen gleich zwei Mal in den Brennofen – wobei nur die Innenseite glasiert wird. Im zweiten Brenndurchgang liegen die Temperaturen zwischen 1090 bis zu 1260 Grad Celsius – abhängig von der Tonsorte. Drei hat sie für sich ausgewählt – in diesem engen farblichen Umfeld entstehen die Arbeiten von Bettina Jörgensen. Und weil dazu ein Manganton gehört, den die Töpferin gerne Mocca nennt, weil dazu auch ein Terrakotta-Ton gehört, der auch als rot bezeichnet wird, ist vor vielen Jahren ihr Label „moccarot" entstanden.

MOCCAROT - BETTINA JÖRGENSEN, MARKTSTRASSE 15, WEIMAR

Artographie

WERKSTATT FÜR PAPETERIE / CHRISTIANE WERTH

Eins Komma Null mit Auszeichnung – von dieser Note träumen viele. Die Gestalterin Christiane Werth aus Eisenach hat sie für ihre Masterarbeit an der Bauhaus Universität Weimar bekommen. Und das aus gutem Grund: Am Vormittag des 30. November 2013 hatte sie Termin mit ihren Professoren. An jenem Morgen sollte sie ihre Studienarbeit vorstellen und verteidigen. Gleich mehrere Professoren waren in die Karlstraße 6 in Weimar gekommen, dahin hatte die junge Absolventin eingeladen. Was den Gelehrten da präsentiert wurde, das hatte sie durch und durch überzeugt. Christiane Werth hat eine begehbare Masterarbeit vorgestellt. In monatelanger Arbeit hatte sie ein Ladengeschäft angemietet, eingerichtet und erste eigene Produkte vorgestellt. Ganz im Sinn von Henry van de Velde, der Kunst und Handwerk zusammenführen wollte. Über den Eingang hatte Christiane Werth ein kleines Schild geschraubt: Artographie-Werkstatt. Der Verkaufsladen sollte gleichzeitig ihre künftige Arbeitsstätte sein. Mit ihrer Masterarbeit ist sie nahtlos in die Selbstständigkeit übergegangen. Am Eröffnungstag waren am Morgen ihre Professoren mit der Abnahme beschäftigt, am Nachmittag die ersten Kunden mit dem Einkauf.

„ICH BIN DIE VERKÄUFERIN, DIE GESTALTERIN UND DIE SEKRETÄRIN."

„ICH HATTE KEINE LUST, MICH NACH MEINEM STUDIUM BEIM ARBEITSAMT VORZUSTELLEN UND BEWERBUNGEN ZU SCHREIBEN."

Im Schaufenster der Artographie-Werkstatt gleich neben dem Eingang hängt ein schmales Buch. Christiane Werth bezeichnet es als Ausflugsheft. Die Idee dafür hat sie sich von sogenannten Gipfelbüchern abgeschaut. Die liegen meist geschützt in einer kleinen Box zusammen mit einem Bleistift auf vielen Gipfeln – jeder Bergsteiger kann darin seinen Erfolg eintragen und kommentieren. Das Ausflugsheft der Gestalterin ist auch außerhalb der Berge benutzbar – für jede bis zu vier Wochen dauernde Reise. Abenteurer und Entdecker haben daran ihre wahre Freude. Nach dem Urlaub, das ist garantiert, sind alle Abenteuer schnell nachlesbar weil gut sortiert und übersichtlich aufgeschrieben. Alle eigenen Produkte unterzieht Christiane Werth einem persönlichen TÜV. Sie testet und probiert sie aus. Tages- oder Wochenplaner, Schreibtischauflage oder Ausflugsheft. Erst wenn die Gestalterin damit rundherum zufrieden ist, erlangt ein Produkt seine Marktreife. Was bei ihr in den Auslagen liegt, das ist keine Massenware. Mit 500 Stück beginnt sie, laufen die Produkte gut, werden auch schon mal 2000 Stück aufgelegt. Und dabei achtet die Gestalterin immer darauf, dass sich die Dinge praktisch ins Alltagsleben einfügen. Für Christiane Werth ist Ordnung ein wesentlicher Baustein ihrer Arbeit. Sie organisiert Ordnung. Ein Beispiel dafür ist ihr „analoger Laptop", der auf jeden Schreibtisch oder auch in die Tasche passt. Der Block als Tagesplaner. Termine, Notizen, Telefonnummern – alles kann notiert werden. Immer kompakt auf einer Seite. Ist der Tag vorüber, fliegt die Seite einfach in den Mülleimer. Christiane Werth bietet ein Sortiment an, das man so nirgendwo findet. In ihrem kleinen Weimarer Laden ist sie international aufgestellt. Für die Recherche nach ausgefallenen, langlebigen und qualitätsvollen Büroartikeln investiert sie viel Zeit im Internet. Viel Zeit investiert Christiane Werth auch in ihre Kunden. Persönliche Gespräche führt sie gerne und auch ausführlich. Das ist ihre Stärke und unterscheidet die Jungunternehmerin von der Supermarkt-Filiale um die Ecke.

ARTOGRAPHIE - CHRISTIANE WERTH, KARLSTRASSE 6, WEIMAR

Design we.love
INTERIORDESIGN / MARK POHL

Die Bretter, die die Welt bedeuten, die hat Schiller erschaffen. Mark Pohl hat sie betreten. Karlsruhe, Berlin, München, Hamburg, Erfurt und auch Weimar – das sind seine Theater-Stationen. Seine erste Rolle beispielsweise, die hatte er als Herzog von Burgund in König Lear am Deutschen Nationaltheater Weimar gefeiert. Das war kurz nach der Jahrtausendwende noch während seines Studiums an der Hochschule für Musik und Theater in Leipzig. Und auch vor der Kamera hat er sein Gesicht mehrfach präsentiert. Beispielsweise in dem Kinofilm „Sushi in Suhl" als HO-Sekretär Schmidt. Für Mark Pohl war das eine echte Lehrstunde in Sachen DDR. Der Schauspieler ist in diesen Jahren viel gereist. Untergekommen ist er meist in geschmacklosen Hotelzimmern mit unbequemen Betten. Das hat ihn genervt und gleichzeitig motiviert. Als Reisender entstand so eine Idee, die ihn jahrelang beschäftigt hat: Mark Pohl wollte etwas Bleibendes schaffen – eine Gastwohnung für Künstler, die schön ist, die Raum für Inspiration schafft. 2009 dann kam für Mark Pohl und seinen Partner Udo Joerke das ganz persönliche Wendejahr. Beide kauften ein Haus mit einem leerstehenden, unaufgeräumten Dachboden. Und genau dort haben beide ihr erstes Apartment entstehen lassen.

„ICH BIN EINE ONE-MAN-SHOW."

Altstadtperlen **Weimar**

NEWSLETTER 2020

Weinbar Weimar

Das Team um Sommelier Philipp Heine und Anna Koller wurde ergänzt durch den ***Sternekoch Marcello Fabbri***. Er verwöhnt Sie mit einem wechselnden, naturnahen 5-Gänge-Menü. Gault&Millau bewertete das Essen 2019 auf Anhieb mit hervorragenden 15 von 20 Punkten.

* * *

Brotklappe

Das Lieblingsbrot der Weimarer gibt es nun zusätzlich auch auf dem ***Frauenplan*** direkt gegenüber dem Wohnhaus von Johann Wolfgang von Goethe. Das Haus mit der Nummer 8 können Sie nicht verfehlen. Einfach der Nase nach...

* * *

Biebereis & O fruto

Die hohe Dichte und Qualität an kleinen Läden und Cafés in der ***Windischenstraße*** wird nun zusätzlich noch durch Biebereis & O fruto bereichert. Neben ihrer Manufaktur in der Erfurter Straße verkaufen Felix Bieber und Flávia Carvalho auch im Haus Nummer 18 ihr handgemachtes Eis.

* * *

Fama Café

Zweigleisig fährt seit neuestem auch das Fama Café. In unmittelbarer Nachbarschaft zum „Stammhaus" in der Windischenstraße werden vegetarische Köstlichkeiten, Kaffee und Süßes mittlerweile auch in der ***Marktstraße 9*** angeboten.

Vorankündigung aus der Neuauflage:
Wiegand Manufactur
MATTHIAS WIEGAND
MASTER DISTILLER & EDELBRANDSOMMELIER

Wiegand Manufactur, Jakobstr. 33, Weimar

Altstadtperlen Weimar

NEWSLETTER 2020

Stadtelster

Jessica Herber hat ein neues großes Atelier mitten in der Weimarer Altstadt bezogen. Sie finden Jessica nun in der **Geleitstraße 8**, wo sie weiterhin mit ihren außergewöhnlich kreativen Goldschmiedearbeiten und Illustrationen begeistert.

* * *

Artographie-Werkstctt

Ebenfalls mehr Raum benötigte Christiane Werth. Sie fand einen passenden und größeren Laden ganz in der Nähe des Weimarer Marktplatzes. Neue Adresse der Werkstatt für Papeterie ist nun die **Marktstraße 5**.

* * *

Design we.love

Mark Pohl hat sein feines Sortiment erweitert und bietet seine Produkte rund um das Thema Interior Design jetzt in der **Schützengasse 6** an. In den großzügigen Verkaufsräumen treffen sie ebenfalls die Firma Joerke Holz und Massivholzfußböden an.

* * *

Gartenliebe

Während einige „Altstadtperlen" in größere Räumlichkeiten umgezogen sind oder eine zweite Filiale eröffneten, mussten wir uns leider von der Gartenliebe verabschieden. Weimars erstes Restaurant mit ausschließlich veganer Küche ist **geschlossen**.

Vorankündigung aus der Neuauflage:
Wiegand Manufactur
MATTHIAS WIEGAND
MASTER DISTILLER & EDELBRANDSOMMELIER

Wiegand Manufactur, Jakobstr. 33, Weimar

Mittlerweile gibt es drei „Design Apartments": Schlicht in ihrer Anmutung, geschmackvoll in ihrer Farbauswahl, bescheiden in ihrer Ausstattung. Tische, Stühle, Lampen, ja sogar Teller und Besteck kommen von Weimarer Designern, die an der Bauhaus Universität studiert haben. Das begeistert die Gäste. Und immer wieder taucht die gleiche Frage auf: Wo kann ich diese Möbel kaufen? Mark Pohl hat eine schlichte Antwort gefunden: Ausprobieren und mitnehmen. Weltweit verkauft er so Design „Made in Weimar". Auch im Online-Shop „designwe.love". Am früheren Galgenberg, da steht sein Apartmenthaus, da soll Goethe wohl wirklich nie gewesen sein. Aus einer Idee entspringen oft weitere Gedanken. Aus einem Apartment und Online-Shop entstand ein Ladengeschäft in der Weimarer Innenstadt. Auf 12 Quadratmetern in zentraler Lage direkt in der Schillerstraße verkauft Mark Pohl mittlerweile „seine" Künstler. Er ist Allein-Verkäufer, eine „One-Man-Show" und sein eigener Chef. Assistenten und Angestellte, die hat er nicht.

Im Schaufenster gleich neben der Eingangstür steht eine handgroße Porzellan-Büste von Laura Strasser. Auf dem Kopf sitzt ein kleines Vögelchen und singt ein Lied. Wer genau zuhört, der erkennt, es ist das Heidenröslein – durch die Hintertür hat es der berühmteste Weimarer dann doch geschafft, den Laden von Mark Pohl zu betreten. Immer wieder klopfen bei Mark Pohl Bauhaus-Studenten an und stellen ihr Design vor. Mancher schafft es mit seinem „Kunststück" in die Vitrinen. So haben sich die Karaffen, Becher und Vasen von Suse Paduch, die Keramikarbeiten von Anita Riesch und die Illustrationen von Jessica Herber längst bei ihm etabliert. Mark Pohl entscheidet darüber, wer es zu ihm in den Laden schafft. Ihm ist es dabei wichtig, dass Künstler und Verkäufer geschmacklich auf einer Welle surfen. Passt ihm der Stil nicht, kommt ihm der Künstler nicht in die Tüte. Stil, so beschreibt es Mark Pohl, könne man nicht lernen. Es sei ein ästhetisches Empfinden. Extrem subjektiv.

DESIGN WE.LOVE - MARK POHL, SCHILLERSTRASSE 22, WEIMAR

Mark Pohl, Preisträger des ‚Best-of-Interior Award 2017', redet gerne über Design, Formen und Objekte. Kommen Gäste in seinen Laden, dann erfahren sie die Geschichte hinter den Formen. Jedes seiner etwa 150 Produkte hat diese Geschichte. Viele sind nachhaltig produziert und keine Massenware. Da ist beispielsweise der Kerzenständer aus italienischem Carrara-Marmor, den Mark Pohl selbst entworfen hat. Die Idee dazu ist aus der Not heraus entstanden. Die von ihm gekauften Kerzen hatten daheim nie in einen Kerzenständer gepasst. Entweder waren die Löcher zu klein oder sie waren zu groß für den Kerzenstiel. Und so hat Mark Pohl seinem handgroßen, quadratischen Kerzenständer einfach eine Messingspitze aus dem Erzgebirge verpasst, um die Kerze jeglicher Größe und Breite mit etwas Druck befestigen zu können. Gefertigt wird der Allround-Kerzenständer vom Weimarer Steinmetz Günter Dospiel. Für Mark Pohl ist diese Zusammenarbeit ideal, denn sie basiert auf lokaler und nachhaltiger Partnerschaft.

DESIGN APARTMENTS WEIMAR, FULDAER STR. 85, WEIMAR

„MIT OBJEKTEN SOLLTE MAN EIN GUTES GEFÜHL VERBINDEN."

Malerie

LADENATELIER / SUSANNE STEINMANN

Warum ich male oder zeichne? Von Susanne Steinmann.

Warum ich male oder zeichne? - vielleicht weil ich mich und die Welt zu verstehen versuche, weil ich gerne mit den Händen arbeite. Es war schon immer da, mal mehr, mal weniger. Als 13-Jährige habe ich zum ersten Mal einen Zeichenzirkel besucht. Bis dahin war meine zeichnerische Auffassung eher kindlich. Zweidimensional aufgefaßt und additiv kamen Landschaften, Menschen und Situationen aufs Blatt. Der Maler Otto Knöpfer hat mich in seinem Kurs anders sehen gelehrt. Wir zeichneten Portrait nach Modell, machten Naturstudien von Silberdisteln, gingen in die Weinberge bei Arnstadt mit der Mappe unterm Arm, um vor Ort zu zeichnen. Das waren Schlüsselerlebnisse für mich.

Nach einer langen Studienzeit in Weimar an der Hochschule für Architektur und Bauwesen und kurzen Einblicken in die Berufswelt des Stadt-und Regionalplaners wurde die Lust auf ein Leben mit der Kunst als Beruf stärker und evident.

„MALEN IST SEHR PRIVAT."

„ICH KANN NICHT JEDEN TAG INS BÜRO GEHEN."

Sie wurde beflügelt durch eine günstige Gelegenheit – zusammen mit der Künstlerin Anja Thiengthepvongsa einen Laden zum Atelier zu gestalten. Das war im Jahr 2004. Die „Malerie", seit 2007 in der Geleitstrasse, ist eine Fortsetzung dieser gemeinsamen Unternehmung und heute vielmehr ein Fenster in die Stadt, ein Ort für Präsentation, Verkauf, Gespräche – all das, was ein Atelier in seiner Zurückgezogenheit nicht bieten kann. Ich arbeite gerne ohne Konzept. Meine Absicht und Motivation sind die Farben. Der Prozeß des Malens ist für mich eine Reise voller Ungewissheiten. Ohne Sicherheit einer gewählten Komposition wird mit Farbe gespielt und gerungen. Farbschichten und -flächen bilden Formen, werden verworfen oder verfolgt und verdichtet. Erfüllung und Frustration liegen immer ganz nah beieinander. Manch ein Bild erzählt eine Geschichte, beantwortet Fragen oder stellt neue.

Ein echter Spaß sind für mich die „Kleinen Originale". Sie nehmen inzwischen einen großen Raum ein. Hier fällt es mir am leichtesten, die Kontrolle aufzugeben, ganz frei und direkt „aus dem Bauch heraus" zu malen. Vielleicht sind diese deshalb so „bunt". Schon über 1200 Bilder sind so entstanden, vor allem hier in der „Malerie". Während ich bei der Arbeit mit Farbe – ob groß oder klein – einen Blick nach innen suche, und das vor allem im Atelier in meiner Wohnung geschieht, ist die Zeichnung an der Außenwelt orientiert. Gesehenes wird zeichnerisch nachempfunden, übersetzt aufs Papier, meist skizzenhaft und unvollendet.

MALERIE - SUSANNE STEINMANN, GELEITSTRASSE 7, WEIMAR

Café Caroline

KLEINES RESTAURANT / ANJA LOHAUS

Die frischen grünen Blätter sind noch mit Morgentau bedeckt. Die Familientherapeutin Anja Lohaus sammelt gerade Kräuter hinter der Stadtkirche St. Peter & Paul im früheren Garten der Familie Herder. Im zweiten Beruf ist Anja Lohaus Köchin. Selbsternannte Köchin. Schon immer hatte sie mit Vergnügen und Liebe gekocht – in der Vergangenheit oft für die eigene große Familie. Doch der Wunsch, ein eigenes Restaurant zu betreiben, war immer schon da. Früher als junges Mädchen hatte sie gelegentlich in den Marburger Cafés gejobbt. Und weil sie aus ihrem eigentlichen Beruf raus wollte, die Räume im Erdgeschoss des einstigen Herder-Wohnhauses förmlich nach einem Restaurant schrien, war sie den Schritt in die Selbstständigkeit gegangen. Gerne und mit Freude! Ein Konzept dazu hatte sie dem Gemeindekirchenrat vorgeschlagen, der hatte es abgesegnet. Und schon hat die Arbeit begonnen: alte Möbel mussten aufgearbeitet, eine Küche eingerichtet werden. So entstand ein liebevolles Restaurant im Herzen von Weimar. An vier Tagen in der Woche kocht Anja Lohaus für ihre Gäste immer zur Mittagszeit zwischen 11.00 und 15.30 Uhr. Zwischen drei Speisen kann gewählt werden. Alles Handarbeit und frisch.

„EIN KLEINES RESTAURANT ZU BETREIBEN, DAS WAR SCHON IMMER MEIN TRAUM."

„JA,
ICH HABE FREUDE AN MEINER ARBEIT."

Montag ist Putztag. Jeden Montag schrubbt Anja Lohaus die gesamte Küche und das Restaurant. Natürlich muss auch eingekauft werden. Meist passiert das nach Gefühlslage. Sagt der Weimarer Restaurantbetreiberin beim Einkauf eine Keule, ein Stück Fleisch oder ein Fisch zu, dann wandert das in den Einkaufskorb. Die Blumen für den Tischschmuck, die Kräuter und auch das Gemüse kommen direkt aus dem eigenen Garten hinterm Haus – jedenfalls in der Saison. Ab Dienstag bis Freitag wird dann gekocht, gekellnert und wieder geputzt. Und das mag sie weniger. Aber: Anja Lohaus ist ein „Ein-Frau-Betrieb" – da muss das halt alles sein. Auch wenn die Arbeit hart ist (der Tag beginnt meist um 6 Uhr), macht die Self-Made-Köchin diese gerne. Anja Lohaus ist ihre eigene Chefin. Und es macht ihr Spaß Gastgeberin zu sein. Gekocht wird nach Lust und Laune. Manchmal entsteht der Speiseplan für den kommenden Tag am Abend beim Schmökern der Kochzeitschriften auf der Couch. Und ihre Gäste dürfen auch mitbestimmen, was auf den Tisch kommt. Die Stammgäste haben einmal die Woche einen Wunsch frei. Dann wird gekocht, was sie wollen. So hat sie beispielsweise Tafelspitz mit Meerrettich-Sauce oder Coq au Vin für ihre Gäste zubereitet. Das Lieblingsgericht der Hessin in Thüringen ist Lammbraten. Dieser wird mit Charlotten und Lavendel versetzt. Dazu kommt ein feiner Sherry. Dann wird alles langsam und lange geschmort. In dem Pfarrhaus kommen auch Rezepte aus der Luther-Zeit auf den Tisch. Anja Lohaus bereitet den Schweinebraten so wie vor 500 Jahren zu, nämlich mit Liebstöckel, Sauerampfer, Estragon, Bärlauch und ganz viel Parmesan (stand damals noch nicht auf Luthers Speiseplan). Dazu gibt es Erbsen-, Sellerie- und Süßkartoffelmus sowie ein kräftige gebackenes Bauernbrot mit einem Glas Wein. Die Köchin aus Leidenschaft ist überzeugt: „Das schmeckt göttlich."

CAFÉ CAROLINE - ANJA LOHAUS, HERDERPLATZ 8, WEIMAR

Zwillingsnadeln
HAT COUTURE / CLAUDIA KÖCHER

Heißer Dampf steigt Claudia Köcher direkt in die Nase. Immer wieder tunkt sie die Spitze des heißen Lötkolbens in das Fett, das gleich neben ihr in einer Dose auf dem Tisch steht. Mit der anderen Hand biegt sie einen dünnen, in der Mitte geknickten und vielleicht vier Zentimeter langen Draht in zwei kleine Klammern. Der Draht in der Klammer wird nun an seinen Enden durch das Fett an der Spitze des Lötkolbens erhitzt und verbunden. Wenn die Lötstelle abgekühlt ist, umwickelt Claudia Köcher den wie eine Ellipse geformten Draht mit Stoff. Danach wird er mit gefärbten Federn zu einem Blütenkelch geformt und an einem Reif befestigt. Das ist die Kunst des Federmachers, des „Plumassiers". Im 17. und 18. Jahrhundert entstand diese Kunst. Federn wie Wolle und Seide färben und gestalten, dazu bedurfte es einer langen Ausbildung. Sechs Jahre mussten Gesellen in die Lehre gehen, um am Ende mit einem Meisterstück glänzen zu können. Heute ist der Beruf quasi ausgestorben. Claudia Köcher ist eine der letzten Federmacherinnen in Deutschland. Sie hat die Kenntnisse über das Handwerk in anderen Werkstätten erlernt. Allein für einen Blütenkelch benötigt die Künstlerin an die 50 Federn. Gans, Taube, Wildente und manchmal auch der Strauß – sie alle liefern die Federn, die Claudia Köcher für ihr Handwerk benötigt.

„ICH MAG DEN BERUF DES PUTZMACHERS."

„WIR HABEN IN DEUTSCHLAND UNSERE HUTKULTUR VERLOREN."

Hobbyzüchter und Freunde liefern das Federkleid ihrer Vögel – mindestens vier Gänse landen so auf der Werkbank von Claudia Köcher. Sie reinigt, sortiert und färbt die Federn. Danach werden sie in Form gebracht. Und so bekommt auch Abfall einen Wert. Filz, Stroh, Pelz und Tuch, das sind die Lieblingsmaterialien des Putzmachers, der auch als Modist oder Hutmacher bekannt ist. Kaninchenhaar benötigt Claudia Köcher für den Herrenhut aus Filz. Auf eine hölzerne Kopfform wird der durchnässte, heiße Filz aufgezogen und mit Nadeln befestigt. So bekommt er seine halbrunde Form. Im getrockneten Zustand wird der Hut dann weiter verarbeitet. In der Werkstatt von Claudia Köcher entstehen in der Regel Damenhüte speziell für Anlässe wie Hochzeiten, Taufen, Schuleinführungen und auch Trauerfeiern. Für die sogenannten Cocktail-Hüte wird eine Form bezogen und dann mit Federn oder auch Strasssteinen geputzt. Die den Diamanten in Glanz und Farbstreuung sehr ähnlichen Glassteine werden von der Künstlerin auf eine Sternchenform gelötet. Stein für Stein. 500 Stück in mühsamer Handarbeit. So entstehen teilweise kleine Serien von bis zu 30 Hüten. Bis in die 1960er-Jahre ist kaum ein Mensch ohne Hut vor die Tür gegangen. In Deutschland hat sich die Beziehung Hut-Mensch aus Sicht von Claudia Köcher in den 1970er-Jahren verändert. Ihre Theorie basiert auf der Mode von damals. Die elegante Frau mit Sinn für Schönes und Style hat Dauerwelle getragen – ein Hut hat zu dieser Zeit nicht mehr auf den Kopf gepasst. Für Claudia Köcher hat der Niedergang des Hutes auch eine politische Dimension. Sie glaubt, die 68er-Generation wollte sich von ihren spießigen, altbackenen Vätern und Müttern abheben. Dabei sei der Hut eines der ältesten Kleidungsstücke der Menschheit. Im alten Rom haben freigelassene Sklaven einen Hut bekommen und getragen. Hüte haben immer eine durchgehende Krempe und können vor Sonne, Regen oder Kälte schützen. Sie unterstreichen aber auch die Persönlichkeit des Trägers, können seine Berufsgruppe oder auch seinen Stand aufzeigen.

ZWILLINGSNADELN - CLAUDIA KÖCHER, WINDISCHENSTR. 29, WEIMAR

Franz & Willi

BURGERHAUS / FRANZ LADEMANN & WILLI HARTMANN

Franz Lademann und Willi Hartmann sind ständig auf der Suche. Die zwei Weimarer suchen den perfekten Burger. Dabei isst Franz am liebsten indisch, Willi ausschließlich Gemüse. Und doch haben beide erkannt: Weimar fehlt ein richtiger Burger-Laden. Die Idee dazu haben beide aus Köln und Berlin mitgebracht. Die zwei Seiteneinsteiger und langjährigen Freunde haben sich gedacht, bitte, so kompliziert kann doch Gastronomie nicht sein. Schnell war ein Businessplan erstellt, nötige Umsätze durchgerechnet, ein Lokal gesucht. Dabei war die Konzentration auf Burger klar, klar war auch die Innenstadt als Location. Klar war auch, ihre Burger sollen ehrlich, frisch, solide und selbstgemacht sein.

Wikipedia beschreibt den Burger als ein warmes Schnell- oder Fertiggericht. Genau das wollen Franz und Willi in ihrem Burgerhaus nicht. Für Franz steht fest: „Wir sind kein Fastfood-Restaurant. Wir sind schnell, aber kein Schnellrestaurant." Und deshalb nehmen sich der Küchenchef und seine Mitarbeiter Zeit für das, was auf die Teller kommt. Ein Burger braucht schon mal bis zu einer Viertelstunde. Und das fast jeden Tag von Dienstag bis Sonntag.

„UND DANN HABEN WIR ES EINFACH GEMACHT."

„WEIMAR IST EIN SPÄTZÜNDER IN VIELEN SACHEN."

Seit dem 30-jährigen Krieg haben die Buckelapotheker ihre gemixten, gebrauten und destillierten Heilmittel aus dem Mittelgebirge entlang des Rennsteigs weit über die heutigen Landesgrenzen hinaus vertrieben. Ihre Olitäten haben sie aus den feinsten Kräutern der saftigen Bergwiesen aus den Höhenlagen zwischen Hörschel und Blankenstein gewonnen. Dazu zählen Labkraut und Johanniskraut, Mädesüß und Weidenröschen, Kohlkratzdistel und Storchschnabel, Brennnesseln und Frauenflachs. All diese Kräuter stehen nun auch auf dem Speiseplan der Rinder aus Oberweißbach. Das sind Rinder der Rassen Limousin und Fleckvieh.

Auf der Suche nach dem perfekten Burger sind Franz und Willi auf die Oberweißbacher Rinder gestoßen, die artgerecht in einer natürlichen Umwelt aufwachsen. Sie sind der fleischige Bestandteil ihrer Burger. Das Geflügelfleisch beziehen die beiden Unternehmer aus Altengönna gleich bei Weimar. Dazu kombinieren sie einen passenden Cheddar oder Emmentaler, Ziegen- oder Blauschimmelkäse oder auch einen weichen, verlaufenen Camembert. Und für den Vegetarier Willi und seine Gäste steht der Veggie-Burger auf der Karte. Das Patty ist aus Grünkern, Bohnen, Getreide und Gemüse hergestellt. Dazu gibt es auch vegane Mayonnaisen, Käse und Brötchen. Apropos Brötchen. Die Abdeckung für all die Zutaten sollte aus Sicht von Franz fluffig, aus Weizenmehl und ohne Konservierungsstoffe sein – nicht zu weich, nicht zu fest. Am besten selbst gemacht – ein ehrliches Produkt aus Weimar halt.

FRANZ & WILLI - BURGERHAUS, RITTERGASSE 21, WEIMAR

Koriat

KUCHENMANUFAKTUR / AVIV KORIAT

Aviv Koriat wurde 1961 im israelischen Kibbutz geboren. Dort besuchte er Grundschule und Gymnasium. Als junger Mann spielte er bis zum 18. Lebensjahr professionell Basketball im Nationalteam seines Landes. Im Alter von 22 Jahren beendete Aviv Koriat seinen Armeedienst mit 15 US-Dollar in der Tasche. Damit brach er nach Jamaika auf, um in einem Umweltprojekt den Regenwald zu schützen und gleichzeitig Geld für das Studium zu sparen. Aviv Koriat studierte in Jerusalem und New York. Danach arbeitete er als Produktdesigner. 2004 dann zog er nach Berlin. In der Bundeshauptstadt begann er als Konditor zu arbeiten, 2008 folgte sein erster Laden, 2011 eröffnete er seine Kuchenmanufaktur in Weimar.

In your first life you were an artist? I graduated at the Jerusalem University in arts and spend parts of my study in New York; I saw how the art scene works in a really high level, because I had a really good teacher who were good artist. In New York I could see how the studio and Galleries run how the whole scene works. And I understood that it is might not what I would like to do in my life (lacht), to be so dependent on the Galleries. I saw how fragile it is. But … when I finishes the study and came back to Israel (after two years) I had some solo shows; I had some group shows, a few group shows in museums.

„DREIEINHALB JAHRE HABE ICH GETÜFTELT, UM DIE RICHTIGE REZEPTUR ZU FINDEN."

After two years I was dedicating myself fully for product design, first I was part of a company an later opened my own office. It was another 10 to 12 years of product design until I started to be fed up by product design.

How did you experience your way from an artist to "conditor"—long or short way? First of all I was always interested in food. Since I was very small I was very sensitive of what I eat. I did not like most of the things. Then I started parallel to my work as a product designer study French patisserie. I did only the fundamental, it was two years after the office in the evening school. After this when I came to Berlin 2004 I really made a big change in my life: I decided to give it big chance to do something with this wish to eat something I like. And when I was open for this it really came to me and then it was easy. It was a decision.

Is the way you do patisserie today your new way of art? I think what is helping a lot is to have a clear format. My format is the shop and the vitrine an in there you have to kinds of appearances: one is flat and one is high, one with dough the other without. And this principle I made in the beginning, to play in this format. And you need to find out how to make yourself free but not stupid. It took me 3.5 years to find the right formula and to get free with the decoration and topping. That was the challenge to find something in common that can work by itself and then you add the layers of ideas. In Berlin war are doing crazy things now. I let myself go a little bit further, I cook carrots to make carrot jelly with spices to stay on the cholate mousse, and this is a beautiful color. Braun and fire orange. And another day a take pears and make puree and mix it with wild berries. So that means we are absolutely unprofessional, but it means we are not committed to any profession. If you want to be happy in your life to have to touch this creativity. You decide every day how does it feel what you are doing. And it is better to feel good. (lacht)

How do you conceive with raw material? I knew that I will work with chocolate, apple cheese (Quark). I did not like most of the things I tasted around. I said to myself ok, you don't like this. Than make something better, make what you will like. I was chasing that feeling and taste. And I have another principle: I don't work with rare things. I want ingredients which are always available on local suppliers or in hypermarket. I work with simple material, nothing special. The special thing is how you work with this. Is more about how to bring the ingredients together and how to work with the oven—that is a magic weapon. This is art—to be aware of all the small details and use a lot of intuition, listen to your inner voice.

How many recipes do you have/created? Basically I have 4 recipes—and I would like to reduce to 2. If you found a very good basic, then the variety is unlimited. It has to be simple, that Employees can do it on their own. 80% needs to be simple, people hat to do complicated staff.

Are their cultural influences in your cake or even influences from the countries where you have been living? I don't see myself belong to anything. I belong to the world—I live in Germany but my language is English and my surrounding is very international. I have strong roots in Israeli culture—but it's difficult to say what that exactly is. I have been close to oriental food because of my father. His family is from Morocco. I like the approach to look in the field and try to cook something out of it. But it is a big "misch masch"—of course influences from Europe—I am kind of running between to two. But more important for me is doing what I want to do, personal things. I believe in small places beside the industries. Here in Weimar we have small shops which their individual own creation for food or anything else. I believe this is kind of reaction on all the big player and equalization. As an artist—you are supposed to give alternatives to people—10 to 20 percent of consumption should be surprising you and gives people another flair or even perspective.

Are you happy? I tell it often my wife: I wake up in the morning and think: WOW! I live in Europe. I am baking and can live out of it. I have a happy surrounding. I create jobs. Nice and wonderful people working for me and doing an amazing job. I have to say: We always live with expectations that we should rather be one step ahead—then we are frustrated all the time. Yes, I want to do a lot of other things. I now have a kind of platform where I can realize every dream that I have. I really like to write another book. That's burning in me. Doing things around the baking. That's satisfying me.

KORIAT - AVIV KORIAT, STEUBENSTRASSE 4, WEIMAR

Gartenliebe

BISTRO & CAFÉ / JENS RICHTER

2012 Jens Richter aus Ilmenau lebt in Hamburg. Seit Jahrzehnten arbeitet er mit großem Erfolg in der Werbebranche. Finanziell ist er abgesichert. Täglich verbringt der Thüringer bis zu 14 Stunden in der Firma. Freizeit, Privatleben und auch Ernährung – all das spielt nur eine untergeordnete Rolle. Der Job lenkt und treibt sein Leben. Während und nach der Arbeit kommt nicht selten Fastfood auf den Teller. Schnell und nebenbei muss die Nahrungsaufnahme funktionieren. Richter wiegt fast 120 Kilogramm. Arbeitsstress und schlechte Ernährung, davon ist Jens Richter heute überzeugt, haben bewirkt, dass er krank wird. Die ersten Anzeichen hat er ignoriert. Und dann kam der Paukenschlag: Schlaganfall.
2013 Im Leben von Jens Richter sollte und musste sich etwas ändern. Das jedenfalls hatten ihm die Ärzte empfohlen. Auf seiner Rezepteliste standen einige wesentliche Dinge, die oberflächlich betrachtet, sehr pauschal klingen: Streß und Arbeit reduzieren, Ernährung umstellen. Doch wie setzt man diese Dinge um? Jens Richter hat begonnen, die Dinge zu hinterfragen. Auch das, was auf den Teller kommt. Der mit Schweinsroulade, frischem Hackepeter und Blutwurst sozialisierte Richter macht in dieser Zeit einen radikalen Wandel durch: Er wird zum Anhänger der fleischlosen Kost. Auch die Arbeit stellt er in Frage. Jens Richter geht einen entscheidenden Schritt, der sein Leben komplett ändern wird. Der damals 45-Jährige kündigt seinen Job.

„ICH HABE MICH INNERLICH BEFREIT."

„NICHTS IST MÄCHTIGER ALS EINE IDEE, DEREN ZEIT GEKOMMEN IST." VICTOR HUGO

2014 Umzug von Hamburg nach Thüringen. In der Nähe von Weimar beginnt Jens Richter ein neues Leben. Was es bringen wird, das ist am Anfang noch völlig unklar. Zurückgezogen auf dem Land startet er auf über 3000 qm mit eigener Landwirtschaft. Richter baut Kartoffeln, Möhren, Zwiebeln und Zucchini an. Er besorgt sich Samen von alten Kulturpflanzen aus Klöstern in Frankreich. Es entsteht eine eigene Chili-Zucht. Am Ende sind es 10 verschiedene Sorten, die auf seinem Hof gedeihen. Bei den Tomaten ist es noch üppiger: Bis zu 25 Sorten mit bis zu 250 Pflanzen, der Ertrag ist tonnenschwer. Und weil der Selbstversorger diese prachtvolle Ernte nicht alleine verzehren kann, wird eingekocht oder verarbeitet, beispielsweise zu Soßen, Marmeladen oder Pestos. Richter plant, eine Straußenwirtschaft zu eröffnen.

2015 Anfang August 2015 entdeckt Jens Richter im Schaufenster eines Weimarer Restaurants einen Zettel: „Laden zu verkaufen." Jens Richter überlegt nicht lange und betrachtet dies als Chance. Er greift zu, obwohl er keinerlei gastronomische Erfahrungen hat. Schon am 14. September 2015 öffnet er seine „Gartenliebe", Weimars erstes veganes Restaurant. Bistro & Café unter einem Dach. Seine Idee: „Frisch zubereitet mit den besten Zutaten servieren wir Regionales und Saisonales." In den ersten Monaten holt er sich einen Profi-Koch in seine Küche, um zu lernen. Unermüdlich wirbt Richter für die frische, handgemachte Kost auch direkt vom Herd. Seinen Gästen empfiehlt er fast schon gebetsmühlenartig Produkte wie Rote Beete, Sellerie, Blumenkohl, Lauch, Möhren oder Spargel. Ausprobieren und variieren, das ist sein Antrieb für immer neue kulinarische Ideen. Und so entstehen eigene Rezepte, die er gerne seinen Kunden weiterreicht. Richter will überzeugen ohne überheblich zu wirken. In seiner Weimarer Küche kommen nur Speisen auf den Tisch, deren Zutaten kurze Wege hinter sich haben und nahezu alle im Thüringer Mutterboden aufgewachsen sind. Seine Zutaten: Jede Menge Liebe. Liebe zum Essen, Liebe zum Leben, Liebe zu seinen Gästen.

GARTENLIEBE - JENS RICHTER, GROSSE KIRCHGASSE 2, WEIMAR

Weinbar Weimar
LIEBLINGSWEINE & BARFOOD / PHILIPP HEINE

1868 ist für Philipp Heine ein wichtiges Jahr. Zwar ist der Sohn der Schauspieler Helga Ziaja und Manfred Heine noch lange nicht geboren, doch der erste Hermann aus der alten Weimarer Sommer-Dynastie hat schon mal den Grundstein für Philipps heutige Weinbar gelegt. Im gleichen Jahr wie die Tabascosauce erfunden wurde, gründete Hermann Sommer I. ein Delikatessengeschäft mit Weinstube. Bereits drei Jahrzehnte später haben sich die Sommers das Prädikat „Großherzoglich Sächsischer Hoflieferant" erarbeitet. Und sogar Reichspräsident Paul von Hindenburg wird von der Familie bewirtet. Auch Franz Liszt trinkt in der Stube seinen Schoppen. Damals werden die Hallgartner Jungfrau, der Trabener Brautrock, das Wachenheimer Gerümpel, die Naumburger Engelsgrube oder der Kröver Nacktarsch ausgeschenkt. Nach 90 Jahren Familientradition machen DDR-Bürokraten der Weinstube ein Ende: Von der Handelsorganisation HO wird sie enteignet und entkernt. Erst Hermann Sommer V. kann die Familientradition wieder beleben und nach dem Niedergang des Arbeiter- und Bauernstaates eine Weinstube mit hohem Bieranteil einrichten. Heldrunger Zwiebelsuppe und Schmalztopf mit Graubrot, saure Gurke und Zwiebelringe stehen u. a. auf der Speisekarte. Nun langsam kommt Philipp Heine ins Spiel.

„ICH MÖCHTE ES FÜR DIE MENSCHEN MACHEN, SO WIE ICH ES SCHÖN FINDE."

Bislang weiß der Weimarer Junge noch nichts von seinem Schicksal. Denn noch geht er wie ein Zirkuskind seinen Schauspielereltern folgend in Erfurt, Rudolstadt, Schwerin und Weimar zur Schule. Es gibt nur wenige Dinge, die Philipp Heine nicht gemacht hat. Nach dem Abitur wollte er Schauspiel studieren, doch nach den Aufnahmeprüfungen stand er immer auf der falschen Seite. Und so landete er in Wien, um nach misslungener Prüfung bei einem Catering-Unternehmen seine Brötchen zu verdienen. Nach seiner Rückkehr in die Heimat ist es Brot gewesen, dass der ungelernte Quereinsteiger im Anna Amalia Nobel-Restaurant ein Jahr lang schneiden muss. Danach ging's beim Italiener weiter, um wenig später erneut zur Kunst zurück zu kehren. Beim Kunstfest Weimar von Nike Wagner, der Urenkelin des Komponisten, war Philipp Heine am Anfang „Mädchen für alles", dann für die Künstler wie Bruno Ganz zuständig. Weil das aber nur eine saisonale Tätigkeit war, wurde das Berliner Nobelhotel „The Regent" die nächste Arbeitsadresse. Im Roomservice beschmierte Philipp Heine in der Nacht die Brote für die Nachtschwärmer, polierte die Äpfel und presste den frischen Orangensaft. Danach lernte er im Fischers Fritz von Christian Lohse die Sterne-Seite der Gastronomie kennen. Mit nachhaltigen und jahrelangen Erfahrung im Gepäck, legte Phillip Heine 2005 seine Prüfung als Restaurantfachmann ab, u. a. bei Christine Sommer, der Schwester von Hermann Sommer V. – ihr sollte Philipp Heine Jahre später schicksalhaft wieder begegnen. Doch zuvor kreuzte er auf der 135 Meter langen „MS Seabourn Legend" für das kulinarische Wohl der Gäste zuständig über die Meere. Danach geht der Tausendsassa als Tourmanager mit „AFRIKA!AFRIKA!" auf Reisen. Ab 2010 startet Philipp Heine als Manager & Sommerlier in verschiedenen Berliner Restaurants durch. 2016 dann lässt das Reisefieber nach, Heine kehrt nach Weimar zurück.

2016 ... Weiß-Becker-...	6/30
2015 Muskateller Weiß-Becker-...	
2015 Hochheimer Domdechaney Riesling tr., Künstler, Rheingau	4/24
♥ 2016 Freistil-Muskateller, Philipp Kuhn, Pfalz	
2015 Westhofener Riesling tr., Philipp Wittmann, Rheinh.	7/42
2016 Grauer Burgunder Kabinett tr., Geiger & Söhne, Franken	3/18
2016 Scheurebe Spätlese tr., Geiger & Söhne, Franken	4/24
2016 Müller-Thurgau Kabinett feinherb, Geiger, Franken	3/18
2015 Müller-Thurgau trocken, Horst Sauer, Franken	4/24
2015 Bahenaneder Silvaner tr., Horst Sauer, Franken	5/30
2016 Weißburgunder, Bicking & Bicking, Nahe	
2015 Auens Riesling unfiltriert, Marcus Klees, Nahe	4/24
2015 Laumersheimer Chardonnay, Mario Zell, Pfalz	6/36
2015 Riesling Auslese, Krieger, Pfalz	6/36
2015 Grauburgunder, Franz Keller, Baden	
2015 Weißburgunder, Kirchberg, Klumpp, Baden	5/30
2016 Auxerrois, Klumpp, Klumpp, Baden	
2016 Grüner Veltliner, Klumpp, Baden	5/30
2014 Grüner Veltliner vom Löss, ...	7/42
2016 Grüner Veltliner Alte Reben, ...	

„WIR WÄREN SELBER MAL GERNE BEI UNS ZU GAST."

Hermann Sommer V. hatte sein Restaurant nach über zwei Jahrzehnten aus gesundheitlichen Gründen Ende 2016 schließen müssen. Unklar war damals, wie es mit Sommers Weinstuben weitergehen wird. Und jetzt endlich kommt der Weimarer Junge ins Spiel, der nun schon 37 Jahre alt ist. Christine Sommer, die Philipp Heine zum Restaurantfachmann werden ließ, trifft ihn zufällig auf der Straße und offeriert ihm, die Stuben zu übernehmen. Miete, Lage und Mobiliar – all das passt. Philipp Heine sagt zu und eröffnet gemeinsam mit Freundin Anna Koller im Winter 2017 (s)eine Weinbar. „Es ist nicht getan mit zwei Weiß-, zwei Rot und einem Roséwein." Seine Idee: Es werden Weine ausgeschenkt, von denen er Weingut oder Winzer kennt. Und kein Wein kommt ins Glas, den er nicht selber trinken würde. Gemeinsam mit Sommelier Heine können die Gäste nun auf Reisen gehen. Von der Saale an die Mosel, von Rheinhessen in die Pfalz, von Burgund nach Rioja, von Sardinien nach Südtirol oder auch ins Burgenland. Wem Europa nicht reicht, den nehmen Philipp Heine und Anna Koller mit nach Südafrika, Argentinien oder Australien. Rund 100 offene Weine stehen in den Regalen, nicht alle passen auf die schwarze Wand im Erdgeschoß gleich neben der Bar. Ausgeschenkt werden neben seinem persönlichen Lieblingswein auch die Wunschweine der Gäste. Betreten sie das Lokal, dann sollen sie das Gefühl haben, sie sind im eignen Wohnzimmer. Jeden Tag – außer Sonntag und Montag – wird an den Tischen diskutiert, gelacht, gegessen. Nebenbei wird angestoßen und Wein getrunken. So wie daheim halt. Doch einen Unterschied zu den eigenen vier Wänden gibt es dann doch: In der Weinbar werden die Gäste von Philipp Heine unterhalten. Er hat immer das richtige Wort, den perfekten Wein, die nötige Distanz, die passende Nähe. Und so kann man als Gast schnell zu dem Schluss kommen, der Name „Weinbar" ist falsch gewählt. Eigentlich sollten Sommers Weinstuben „Wohnzimmer" heißen.

WEINBAR WEIMAR - PHILIPP HEINE, HUMBOLDTSTRASSE 2, WEIMAR

Brotklappe

BÄCKEREI & CAFÉ / ANNIKA & SEBASTIAN LÜCK

Sein bester Kumpel in der Backstube ist mittlerweile der „Kneter". Den musste sich Sebastian Lück anschaffen, weil er den Teig nicht mehr einfach nur mit der Hand bearbeiten konnte. Zwischen 150 und 200 Kilogramm Teig werden von ihm und seinen Mitarbeitern täglichen mehrfach in dem „fleißigen Helfer" herumgewälzt. Aus der „One-Man-Show" in der Backstube zum Brotklappen-Start im April 2016 ist ein 12-köpfiges Team geworden – darunter seine Frau Annika. Tendenz steigend. Brotbacken aus Sauerteig ohne jegliche Zusatzstoffe und Backmischungen, das ist für Sebastian Lück ein sehr komplexer Prozess mit einem tollen Produkt am Ende. Sein Mehl bezieht der Neu-Bäcker in Bioqualität aus der Rolle Mühle in Waldkirchen im Erzgebirge. Dadurch sei das Aroma seiner Brote stärker und komplexer geworden. Im Angebot sind unter anderem das Klappenbrot aus Weizen, ein Mischbrot aus Weizen und Roggen, ein Korianderbrot aus Weizen, Roggen, geröstetem Kümmel und Koriander. Auch Süßigkeiten wie Croissant, Pain au chocolat oder Zimtknut entstehen in der Backstube von Sebastian Lück. Sebastian Lück ist ein waschechter Quereinsteiger. Mit 41 hat er sich erneut auf die Schulbank gesetzt, um seinen Meister im Bäckerhandwerk abzulegen.

„ES WAR DAS, WAS WIR GESUCHT HABEN."

Klappenbrot

„DAS PASST ZU MIR MEHR ALS BUNTE TURNSCHUHE ZU VERKAUFEN."

Zuvor hatte er erfolgreich Wodka destilliert und abgefüllt. Das Wässerchen mit dem Namen „Partisan" hatte er in Weißrussland produzieren lassen und europaweit vertrieben. Jetzt ist seine neue Zentrale in der Triererstraße. Hier entstehen seine Brote „Made in Weimar", die zu einem großen Teil Online via Facebook oder E-Mail bestellt werden. Seine Kunden können so ihr Brot wunschgerecht im Laden abholen. Das bringt dem Bäcker einen bestechenden Vorteil: Schon am Morgen weiß er, was am Nachmittag gefragt ist. So entstehen genauso viele Brote wie nötig. Doch manchmal sind die Regale schon vor Ladenschluss wie leergefegt. Und das liegt an den noch immer vielen Neukunden, die das kleine Geschäft in der viel befahrenen Trierer Straße entdecken. Betreten sie die Brotklappe, dann hören die Lücks die immer gleiche Frage: Wo findet man denn hier einen Parkplatz?

In der Café und Backmanufaktur „Brotklappe" sind die Aufgaben auf verschiedene Schultern verteilt. Während Sebastian in der Backstube die Laibe knetet und formt, empfängt Annika Lück die Gäste mit einem Lächeln. Hinter dem Verkaufstresen vermittelt sie immer gute Laune trotz des hektischen Treibens. Das Paar ist nicht nur standesamtlich verknüpft, das Paar ist auch vertraglich zur Lück & Lück OHG verbunden. Für Sebastian Lück ist das tägliche Miteinander und die enge Beziehung zu seiner Frau Annika wahres Glück. Es ist eine Liebeserklärung! Im Gespräch mit uns Autoren sagte Sebastian: „Soll ich ganz ehrlich sein? Es ist das Beste überhaupt mit dem Partner zusammenzuarbeiten, mit dem man verbunden ist, den man versteht. Das ist das, was den Karren nach vorne bewegt. Jede Unsicherheit kann ich besprechen, diskutieren und danach geht's weiter. Das ist ein starkes Gefühl. Wenn wir eine Entscheidung zu treffen haben, dann liegt in der Regel ein Spaziergang dazwischen."

BROTKLAPPE - ANNIKA & SEBASTIAN LÜCK, TRIERER STR. 46, WEIMAR

Biebereis & O fruto
MANUFAKTUR / FELIX BIEBER & FLÁVIA CARVALHO

Bei Flávia Carvalho und Felix Bieber geht es ein bisschen zu wie im Zoo. Ihre gläserne Manufaktur in der Erfurter Straße erlaubt den direkten Blick auf den Arbeitstisch der beiden. Die Brasilianerin Flávia Carvalho produziert in dem kleinen Laden unter anderem Macarons, die luftig, leichten und gefüllten Baiser-Kekse. Angeboten, verkauft und verzehrt werden die Carvalho-Macarons sowie ihre selbst gemachten Mini-Törtchen beispielsweise im Café Donndorf. Der Bauhaus-Student Felix Bieber stellt das nach ihm benannte Biebereis her – alles Hand-Made, ohne Farb- und Zusatzstoffe, ohne Geschmacksverstärker und original aus Weimar. In seiner Tiefkühltruhe liegen so Leckereien wie Holunderblüte mit Zitrone oder Melonensorbet, Glühwein- und Vanille-Keks-Eis sowie Crêpes Suzette. Manchmal fährt der Medienkünstler bekleidet mit Hemd und Fliege durch Weimar und verkauft sein Biebereis direkt vom Fahrrad herunter. Von Weimar aus ist Bieber bereits expandiert: Seine Pappbecher mit Löffel im Deckel werden auch in Jena verkauft. Das Stück für 3 Euro. Der 22-Jährige Felix Bieber meint, das ist es wert!

Felix: Das ist halt einfach echt. Also, wir verstecken hier nichts, wir zeigen wie wir sind.

„DAS IST HALT EINFACH ECHT. ALSO, WIR VERSTECKEN HIER NICHTS, WIR ZEIGEN WIE WIR SIND."

Flávia: Für mich ist Bieber wie ein Anime-Cartoon. Ein lustiger, netter Kerl, der süßes Träumchen-Eis herstellt. Der vor dem Einschlafen denkt, dieses Eis würde ich gern machen…

Felix: Flávia ist ziemlich interessant. Sie ist eine extrem starke Frau. Sie hat auch 'ne schöne Wurzel, kommt ursprünglich aus Brasilien. Bringt damit irgendwie eine völlig andere Grundstruktur her. Und, sie bewegt vor allem. Für mich ist Flávia wie eine große Schwester geworden, weil sie mir sehr viel beibringen kann, bisschen Struktur reinbringt. Ich bin wild und arbeite drauf los. Mit Flávia habe ich eine schöne Struktur gefunden. Ihre Erfahrung passt gut mit meinem Instinkt zusammen.

Flávia: Das ist echt wieder verrückt. Er ist einer, der kommt mit einem Buch und redet über Fette und Partikel. Und ich schüttle den Kopf und sag, das ist mir egal. Ich weiß, das muss man anders machen. Das steht nicht in Büchern, das ist einfach meine Erfahrung. Ich glaub', wir haben beide einen ähnlichen Kern. Und das passt.

Felix: Das trifft es ganz gut. Ich glaube, dass wir eine große Ähnlichkeit haben, aber auch komplett verschieden sind (lacht). Und das ist cool so zusammenzuarbeiten.

Flávia: Wir machen saisonales Eis mit frischen Himbeeren oder Erdbeeren. Und dann kümmert sich Felix darum, dass unterschiedliche Erdbeersorten in das Eis kommen damit es aromatischer und fruchtiger wird. Es gibt drei Standardeis wie Schokobrownie oder Vanille. Und dann gibt es anderes Eis, das wir entwickeln wie Holunder-Zitrone. Und im Winter kommt wieder Lebkucheneis und Vanille-Gipfeleis – da wird die Qualität noch besser.

„FÜR MICH IST BIEBER WIE EIN ANIME-CARTOON.
EIN LUSTIGER, NETTER KERL,
DER SÜSSES TRÄUMCHEN-EIS HERSTELLT."

Felix: Wir haben jetzt in kürzester Zeit extrem viel gelernt. Ich kann Flávias Erfahrungen aufschnappen und ganz, ganz…ganz schnell viel besser werden. Und ich weiß auch, dass ich mich nächstes Jahr wieder schäme für das, was ich jetzt gerade mache.

Flávia: Und was Bieber auch macht, er nutzt keine Stabilisatoren. Wir nutzen so eine Zitronenfaser, deshalb ist es für mich eine andere Art Eis. Diese Fasern machen das Eis cremig, aber es ist immer noch ein natürliches Produkt.

Felix: Als ich das erste Mal ihre Macarons gegessen habe, dachte ich, ganz schön aufregend! Und dann irgendwann hab ich die Törtchen entdeckt – das sind einfach die besten Törtchen, die ich je gegessen hab. Ich kann mich auch nicht entscheiden, welche meine Lieblingstörtchen sind. Am Anfang war es Zitrone-Baiser, so klein und rund und mehrere Geschichten. Ich mag überhaupt keinen Eierlikör und auch keinen Mohn. Aber meine absolute Lieblingstorte war die Eierlikör-Mohn-Torte. Die war so lecker mit Aprikosengelee drin.

Das schönste an der Zusammenarbeit für mich ist…ich bin immer sehr dickköpfig, am Anfang sehr stur und wollte alles immer alleine machen. Und wollte Flávia auch nicht hier drin haben. Mit Flávia ist der Raum lebendig geworden. Weil hier viel mehr los ist. Und dann ist der Raum auch menschlich lebendig geworden. Wir kochen zusammen, wir essen hier zusammen Mittag. Das ist die total angenehme Arbeitsatmosphäre. Auch wenn der Raum für mich eigentlich viel kleiner ist, wird er nun viel größer.

BIEBEREIS & O FRUTO - FELIX BIEBER / FLÁVIA CARVALHO, ERFURTER STRASSE 35, WEIMAR

Koi.7

ASIATISCHE LEBENSMITTEL & ESSEN / AHYUN REBEKKA KIM

In der Mitte des Restaurants von Ahyun Rebekka Kim, das übersetzt „Gold in einem Dorf" heißt, steht eine lange Tafel. Ihre Gäste, egal ob jung oder alt, Freund oder Fremd, sitzen genau an dieser Tafel. Sie bietet ihnen die Chance, miteinander ins Gespräch zu kommen. Kommen sie zum Mittagessen in das kleine Restaurant zwischen Rathaus und Stadtschloss, nehmen sie symbolisch gemeinsam ein Mahl zu sich. Das Symbol des Tisches und des gemeinsamen Mahles steckt auch in dem griechischen Wort Koinonia. Das bedeutet Gemeinschaft durch Teilhabe. Im Neuen Testament der Bibel taucht das Wort recht oft auf, in Weimar in verkürzter Form. Mit „Koi.7" will die protestantische Christin an sieben Tagen der Woche die Liebe auf den Tisch bringen – der Sonntag gehört dabei der Familie. Wer Glück hat, der kann Ahyun Rebekka Kim im Restaurant beim Singen erleben. Die Koreanerin ist nicht nur eine ausgezeichnete Köchin, sie ist auch eine ausgebildete Sopranistin. Seit dem 13. Lebensjahr singt sie und das mit Leidenschaft. An der Hochschule für Musik „Franz Liszt" in Weimar hat sie studiert und das Diplom abgelegt. Nach dem Studium wollte sie an keine Bühne gehen. Wie eine Puppe in der Hand eines Regisseurs habe sie sich gefühlt, das habe ihr nicht gefallen.

„GOTT ERFÜLLT UNS DIE LIEBE JEDEN TAG."

"ICH LIEBE DIE STADT WEIMAR."

Jahre später gehören noch immer Lieder von Mozart, Schubert, Schuhmann, Brahms und Beethoven zu ihrem Repertoire – auch in ihrer Weimarer Küche. In der kleinen Stadt an der Ilm ist die Frau aus der Millionen-Metropole Seoul gerne hängen geblieben. Mit etwas Neid blickt sie auf die Menschen, die in Weimar geboren wurden. „Manche sagen, in Weimar ist es so langweilig. Für mich ist die Stadt ganz lebendig und ganz anders jeden Tag. Ich liebe Weimar." Und umso glücklicher ist Ahyun Rebekka Kim, dass ihr Sohn ein echter Weimarer mit koreanischen Wurzeln ist.

Die Mutter von Ahyun Rebekka Kim ist Köchin. Das hat abgefärbt. Schon früh als Kind hat sie bei ihr viel gelernt. Heute profitiert sie davon. Die Küche von Ahyun Rebekka Kim ist eine Fusion aus asiatischen und europäischen Einflüssen. Ein Beispiel ist Hähnchen-Cordon-Bleu mit Reis. Dazu gibt es eine hausgemachte Soße. Manchmal eine japanische Teriyaki–Soße aus Sojasauce, Mirin, Sake und auch Honig. Sie soll das Fleisch besonders zart und geschmackvoll machen. Auf die Teller kommt auch viel oder ausschließlich Gemüse. Immer mit, nie ohne Gewürze wie Saeu Jeot (eingelegte Babyshrimps), Gochugaru (getrocknetes Chilipulver) oder Cham Girum (Sesamöl). Von diesen verschiedenen Geschmacksnoten lebt die koreanische Küche. Dazu reichen Ahyun Rebekka Kim und ihr Mann eine kalte Gurkensuppe aus Wasser, Gurken, Algen, Sesam, Essig und etwas Zucker. Und dazu gibt es immer ein sanftmütiges Lächeln der überaus freundlichen Köchin.

KOI.7 - AHYUN REBEKKA KIM, SCHLOSSGASSE 5, WEIMAR

schauschau
LADEN FÜR FRISCHES DESIGN / BETTINA VIERTEL

Schuhsohlen aus Lkw-Reifen, Bikinis aus Fischernetzen, Stoffe aus der Kleiderspende – im „schauschau" setzt die Südthüringerin Bettina Viertel auf kreative, individuelle und abgefahrene Ideen. Rund 100 Künstler und Designer aus Deutschland und anderen Ländern Europas hat die Modedesignerin mittlerweile im Boot. Thomas Heer aus Erfurt ist einer von ihnen. Sein Unternehmen nennt er schlicht FAWWI – Für Alles Was Wichtig Ist. Er schenkt längst vergessenen und verstaubten Materialien ein neues Leben. Alte Sakkos, Turnbockleder, Luftmatratzen, DDR-Sommerstühle oder Oldtimersitzbezüge werden von ihm reanimiert. Sie erhalten eine neue Funktion und werden zu Taschen, Rucksäcken, Geldbeuteln oder Gürteln umgerüstet. Bettina Viertel setzt in ihrem Geschäft am Herderplatz konsequent und bewusst auf soziale und nachhaltige, regionale und ökologische Produkte. Schon in ihrer Kindheit habe ihre Familie viel selber gemacht, weil halt viele Sachen einfach nicht da waren. Von der Mutter hat die Designerin Nähen gelernt. Aus einzelnen Stoffstücken sind in Heimarbeit Kellnerschürzen entstanden. Für das eigene Zimmer hat Bettina Viertel Holzregale gebaut. Handarbeit und Kreativität begleiten sie viele Jahrzehnte. Und gerade im Designbereich besteht aus ihrer Sicht die Chance, diese Gedanken in die Produkte einfließen zu lassen. Im kleinen Stil halt.

„EIN EIGNER LADEN WAR SCHON IMMER 'NE SCHÖNE IDEE."

„FRÜHER WAR BIO UND NACHHALTIGKEIT NOCH NICHT SO DAS THEMA."

Und so formuliert Bettina Viertel ihre persönliche Kritik an der Wegwerfgesellschaft. Kleidung müsse nicht gleich in den Müll fliegen, wenn sie vielleicht in die Jahre gekommen sei. Vieles sei durchaus noch funktional und veränderbar. Und schon erzählt Bettina Viertel über die Designerin Claude Baumgartner aus Wien, von der sie alte Businessanzüge bekommt, die in die Kleiderspende geflogen sind, weil sie keiner mehr haben wollte. Aus pensionierten Hosen oder Jacken entstehen in der Werkstatt von Claude Baumgartner witzige Kleider, schräge Taschen oder schrille Mützen – jedes Stück ein Unikat. Claude Baumgartner holt sie in den Kreislauf unseres Lebens zurück und lässt Frauenmode neu entstehen. Die Designerin spricht dabei nicht von Recycling sondern von Upcycling. Ein schönes Herrenhemd darf so nach der Zuarbeit von Claude Baumgartner als schickes Kleid getragen werden. An der schwarzen Wand ganz hinten in der Ladenecke von „schauschau" hängen Fotos. Das sind keine Urlaubsbilder von Bettina Viertel. Das sind auch keine Hochglanzbilder vom Weimarer Markt- oder Theaterplatz mit Goethe und Schiller als Symbole der Stadt. Das sind Fotografien von Menschen, die Lächeln oder sehr konzentriert in die Kamera schauen. Insgesamt, so scheint es, haben sie etwas gefunden, das sie sehr glücklich macht. Ihre Leidenschaft und Begabung fließt in ihre Arbeit. So sitzt Julia Rau vor ihrer Nähmaschine, Nunu Japeridze mit Papier und Stift auf einer Straßenbank in Weimar, Florian Schmigalle steht vor einem Regal mit Schraubenschlüsseln. Sie alle, egal an welchem Fleck der Erde sie leben und arbeiten, verbindet etwas ganz entscheidendes. Sie alle produzieren kreative Ideen. Sie alle fertigen Produkte, die im Geschäft von Bettina Viertel angeboten werden. Zwischen den Fotografien steht mit dicken, weißen Buchstaben geschrieben: „We made your goods."

SCHAU SCHAU - BETTINA VIERTEL, TEICHGASSE 4, WEIMAR

CaféLaden

LE MONDE DU CAFÉ / ALEXANDRA TEMPEL

Wie ich zum Kaffee kam oder der Kaffee zu mir. Von Alexandra Tempel.

Als kleines Mädchen und auch später war ich in den Ferien oft und lange bei meiner Großmutter in Südfrankreich. Dort, und vor allem bei ihr und durch sie, habe ich die Kultur der Gastlichkeit und der Gastfreundschaft von Herzen kennengelernt. Gutes Essen mit ausgedehnten Mahlzeiten, die immer frisch zubereitet wurden, verbunden mit großen Familientreffen war an der Tagesordnung. Es wurde immer frisch eingekauft, am liebsten sonntags auf dem großen Markt, wo es alles gab. Frisches Obst und Gemüse vom Bauern aus der Region, Fleisch, Schinken und Salami, Käse und Brot. Einfach alles. Ein Traum! Und dann wurde gekocht und gebacken. Stets und ständig. Lindenblüten vom Baum aus Omas Garten getrocknet, damit der abendliche Tee, die „Tisane" gesichert war und uns Kindern einen ruhigen Schlaf und schöne Träume bescherte. Und auch guter Kaffee durfte nicht fehlen. Meine Großmutter mischte aus verschiedenen Bohnen und Sorten, die mit Bedacht eingekauft wurden, ihre eigene Hausmischung. Der Kaffee wurde immer frisch gemahlen und frisch gebrüht.

„ICH DURFTE SCHON ALS KLEINES MÄDCHEN EINEN WÜRFELZUCKER IN DIE KAFFEE-TASSE MEINER GROSSMUTTER TUNKEN."

„GUTER KAFFEE HALT KÖRPER, GEIST UND SEELE ZUSAMMEN. VERBINDET DIE WELT, VERBINDET MENSCHEN UND KULTUREN!"

Ein herrlicher Duft! Ich durfte schon als kleines Mädchen einen Würfelzucker in die Kaffeetasse meiner Großmutter tunken und dann genüsslich wie ein Bonbon lutschen: „Un Canard" – „eine Ente" – heißt es in Frankreich. Früh nach dem Aufstehen, mittags und am Nachmittag zum „Goûter". Das hat mir geschmeckt! Ich liebte den Kaffeegeschmack und den Duft von frisch gemahlenen Bohnen. So kam ich zum Kaffee oder der Kaffee zu mir! Eine Liebe und eine gemeinsame Leidenschaft, die ich mit meiner Großmutter schon von Kindheit an teilte und die bis heute anhält! Als ich 2002 nach meinem abgeschlossen Innenarchitekturstudium aus Berlin nach Weimar kam, um an der Bauhaus Universität ein weiterführendes Studium der Architektur zu beginnen, habe ich den CaféLaden entdeckt und mich sofort in diesen kleinen Laden verliebt. Er ist zu meinem absoluten Wohlfühlort geworden. Ich habe angefangen dort zu arbeiten und bin immer weiter in die wunderbare Welt des Kaffees eingetaucht, die mich bis heute nicht mehr loslässt. Guter Kaffee hält Körper, Geist und Seele zusammen. Verbindet die Welt, verbindet Menschen und Kulturen! Der WeimarKaffee kommt aus Indien von den Elk Hill Estates. Das ist ein Gebirgszug im Südwesten des Subkontinents nordöstlich der Stadt Siddapur im Bundesstaat Karnataka auf 1100 Metern über dem Meeresspiegel. Die Region im Hochland von Dekkan des Distrikts Kodagu (Coorg) ist Heimat und Zentrum des traditionellen indischen Kaffeeanbaus. Dort gibt es sehr viele alte, kleine Kaffeeplantagen, die wie Kleingärten angelegt sind. Das Klima ist selbst im Sommer angenehm und die Region ist während der Zeit der Kaffeeblüte im März und April besonders schön, wenn die Kaffeeplantagen einen blütenweißen Teppich in der Landschaft bilden. Die teilweise sehr alten Kaffeepflanzen wachsen dort unter einem natürlichen Schattendach großer Bäume, wie Jackfruit- und Mangobäume. Dort wachsen die Kaffeebohnen unserer Weimarer Hausmarke, der WeimarKaffee und WeimarEspresso.

CAFÉLADEN - ALEXANDRA TEMPEL, KARLSTRASSE 8, WEIMAR

Der ehemalige Weimarer Oberbürgermeister Klaus Büttner (1990–1994 und Joachim Vogel.

Joachim Vogel: „Ich komme hier her, weil ich wunderbar bedient werde, weil es ein ästhetisches Vergnügen ist hier zu sitzen, weil es hohe Qualität an Speisen gibt. Es schmeckt. Und Herrn Büttner hab ich jetzt einfach mitgebracht, weil er noch nie hier drin war und ihm wirklich was entgangen ist."

Klaus Büttner: „Ich strahle so, weil das wirklich ein Laden ist, der einem auf Anhieb gefällt. Das ist etwas, wo man sagt, gehste immer hin oder kommste nimmer. Ich werde immer wieder her kommen, weil das mal ne Alternative zu dem eingefahrenen Standard ist, den du an jeder Straßenecke in jeder Stadt findest. Und weil man in so einem Laden bestimmt auch ganz tolle Typen trifft, die vielleicht ein bisschen Kreativität in die Stadt reinbringen."

Katharina Carl: „Für mich ist das eine Oase. Ich bin Gast seit das Café eröffnet wurde. Damals dachte ich, ganz schön mutig. Damals gab es nix in der Straße, da war alles grau. Aber ich finde es seit Beginn an charmant und anders. Nicht gestylt, nicht übertrieben, gemütlich und freundlich. Ja und draußen mit dem Sandstrand, das ist so ein bisschen Urlaub (lacht). Ja, und dann hab ich mich so langsam mit den Leuten hier angefreundet.

Und dann stellt man fest, da kommen immer ganz viele Leute, die man kennt, die wirklich spannend sind. Man weiß genau, es ist immer jemand nettes da. Und wenn nicht, dann sind halt Alexandra, Chrisi oder Saskia da. Und dann sitz ich immer hier vorne an der Bar gerne, das ist so wie zu Hause die Küche. Das ist so das Vertraute auch. Und dann mag ich die Kaffeekultur. Das ist hier so auf eine unangestrengte Weise schön."

Maga Mikhailov: „Ich liebe den CaféLaden. Ich liebe die Croissants. Der Kaffee ist hervorragend. Und die Bedienung bzw. die Besitzerin ist großartig."

Arlett Hesse: „Das kann ich nur bestätigen. Die Croissants sind einfach super, der Kaffee ist der beste in town und man trifft immer die richtigen Leute (lacht)…"

Susanne Ost:
„Ich genieße meine Mittagspause. Andere gehen Essen, das hab ich schon, ich gehe Kaffee oder Tee trinken und lese. Es ist ruhig hier drin, angenehm, weil es klein ist."

Katharina & Johannes Kleinjung:
„Die Qualität des Kaffees steht über allem. Aber es ist auch die Atmosphäre der Hausbar, in die man in Italien in seinem Viertel geht, immer die selben Leute sieht, schnell seinen Kaffee bekommt, schnell bedient wird. Der Kaffee schmeckt gut. Man trifft Leute und führt Gespräche über Dinge hinaus, die man sonst so auf der Straße nicht bespricht."

Planbar

COOLE BAR / ROBERT KOCH

Täglich ab 18 Uhr öffnen Robert Koch und sein Team die grüne Tür im Erdgeschoß am Ende der Friedensstraße gleich gegenüber dem Studentenwohnheim „Langer Jacob". Über der Tür des Eckhauses ist ein rotes Schild angeschraubt. Sieben Buchstaben ergeben den Namen „Planbar". Am 26. August 1999 wurde sie in einem unsanierten, heruntergekommenen Haus eröffnet. Schnell hat sich die Planbar zu einer in Weimar angesagten Kneipe etabliert. Essen gibt es nicht. Dafür Bier, Cocktails, Longdrinks und Wasser. Und es darf geraucht werden. Inhaber ist Robert Koch.

Was ist dein Lieblingsgetränk in deiner Bar? Vom Geschmack mag ich es eher frisch, nicht so süß. Also, da hab' ich einen Cocktail, der hier entstanden ist. „Nicoletta". Eine Freundin die Nicole heißt, hat mal zu mir gesagt: „Mach doch mal bitte was Säuerliches mit Wodka – ich hab' keine Ahnung worauf ich Appetit hab." Dann hab' ich etwas gemixt, das genau ihren Geschmack getroffen hatte. **Mein Eindruck von der Planbar ist, die Bar und Du sind eine Symbiose. Hast du dir damit einen Traum verwirklicht?** Man kann schon sagen Lebenstraum. Ich hatte als junger Bursche so zwei Ideen: Ein Gourmetrestaurant oder eine coole Bar. Dann wurde es die Bar. 2017 werden wir volljährig. Also, wir dürfen jetzt auch Schnaps trinken (lacht).

„MAN KÖNNTE MEINEN, DIE PLANBAR SIND MEIN TEAM UND ICH, ABER EIGENTLICH SIND ES DIE GÄSTE."

„ICH HATTE ALS JUNGER BURSCHE SO ZWEI IDEEN: EIN GOURMETRESTAURANT ODER EINE COOLE BAR. DANN WURDE ES DIE BAR."

Die Planbar ist eine Bar- und Party-Location mit cooler Musik. **Alles unter einem Dach...** Ja, man könnte das mit der Party noch ein bisschen ausbauen – da sind wir bissl träge. Aber das liegt vielleicht auch an unserem hohen Alter, man will dann irgendwann seine Ruhe haben und den entspannten Barkeeper geben, den Gästen verpflichtet sein, die etwas Schönes trinken wollen. **Du stehst in deiner Bar auf coole Musik, stimmt's?** Ja. Und das war mir wichtig, dass da Plattenteller da sind. Meinetwegen auch CD-Player. Und das meine Gäste mal Musik hören, die sie nicht jeden Tag im Format-Radio hören. Funk, Soul, Jazz – alles ist möglich. **Du stehst aber auch auf Magnetband-Kassetten? Jedenfalls jeden Mittwoch zwischen 22 und 23 Uhr.** Ja, das ist nebenbei. Beim örtlichen Radio bin ich der Kassetten-Onkel. Also diese Lost-Tapes-Sendung gibt es jetzt auch schon über 10 Jahre. Und da steh ich auch dazu. Ich höre mitunter auch nochmal 'ne Kassette. Das kommt vor. **Wie funktioniert deine Sendung bei Radio Lotte in Weimar?** Mir ist es wichtig, dass nicht nur die Kassetten da sind, sondern auch der Inhaber. Also, ich lad' mir jemanden ein, wir machen es uns gemütlich im Studio und dann wird ungesehen, ungespult eine Kassette reingeworfen. Ja, dann hören wir mal was da drauf ist. Und dann kommt so ein Gespräch zustande, dann sind wir plötzlich in der Zeit drin, als die Kassette aufgenommen wurde. Hinterher sagen alle: Na, das war ja mal 'ne Zeitreise. Das macht Spaß!

Ansonsten trifft man dich halt in der Planbar. Bist du ein Nachtmensch? Ja, dieses Jahr sind es 30 Jahre als Barkeeper. Vormittag ist für mich eine Unzeit. Vormittags muss man keine Termine mit mir machen, da kann ich die Augen aufschlagen, bin aber nicht voll leistungsfähig (lacht). **Wenn ich in deine Bar komme, wird mir immer das richtige und gleiche Getränk gereicht. Wie kannst du dir das bei so vielen Gästen merken?** Na ich merk' mir auch die Gäste. Ich bin in der glücklichen Lage, so 80 Prozent meiner Gäste gut leiden zu können. Das ist nicht jedem Gastronom gegeben. **Schwatzt du auch gerne mit deinen Gästen?** Na, es gibt natürlich auch Tage, da will ich nicht so. Aber normalerweise ist es ja auch spannend. Andere gehen weg und versuchen mit Menschen ins Gespräch zu kommen. Das kostet mich ja ein Lächeln, denn mit mir kommt ja jeder ins Gespräch. Und das ist ja auch das Schöne.

Ist das hier die News-Zentrale von Weimar? Nicht im Sinne von Klatsch. Aber die Leute kommen schon her und fragen, wo geht heute noch was? **In der Planbar scheint die Zeit still zustehen. Die Holzvertäfelung im Fenster ist völlig verlebt. Die ist wahrscheinlich nie aufgearbeitet worden?** So ist es. Wir hatten einmal in den 18 Jahren renoviert obwohl wir keinen Tag zu hatten. Wenn ich Feierabend hatte, da kam der Maler. Und am nächsten Tag war wieder offen. Es wäre mal wieder an der Zeit. Nur wir sind eine Nachtbar... Wie heißt es so schön: Nachts sind alle Katzen grau. **Gibt es Tage im Jahr an denen es sich richtig lohnt in die Planbar zu kommen?** Wenn Feiertage anstehen, dann kommen alle Weimarer, die ihre Eltern noch hier haben, die kommen dann zurück. Weihnachten. Das ist immer wieder schön. Dann trifft man Menschen von früher wieder, die damals die Planbar mitgeprägt haben. Man könnte meinen, die Planbar sind mein Team und ich, aber eigentlich sind es die Gäste.

PLANBAR - ROBERT KOCH, JAKOBSPLAN 6, WEIMAR

Fama

CAFÉ & BÜCHER / MONIQUE SCHRÖDER

Die Göttin Fama – so glaubten es die Römer – kann alles sehen und hören. Sie schläft nie und wohnt an einem Ort jenseits von Wolken und Atmosphäre. Mit ihren Flügeln und Federn kann sie den Himmel durchstreifen, Meere, Berge, Täler und Städte überfliegen, um zu erfahren, was die Menschen denken und berichten. Fama ist die Göttin des Gerüchts. Ihre Energie und Kraft soll überall dort sein, wo Menschen Ideen und Wünsche aussprechen. Mit ihrer Posaune trägt sie diese in die Welt. „Fama Café und Bücher" in Weimar ist eine Ruheoase im quirligen Treiben der Stadt. Linda Hoffmann beschreibt es auf Facebook als lauschiges Café voller Herzblut und Leckereien! Claudia Köcher von den Zwillingsnadeln nennt es ihr Lieblingscafé! Und für Julia Elsner ist das Fama eine gemütliche Location, perfekt für ein ruhiges Frühstück. Seit April 2016 wird es von Monique Schröder geführt. Die junge Frau aus Sondershausen in Nordthüringen hatte schon während ihrer Ausbildung im Fama gekellnert. Doch eines Tages kam das Angebot, das Café zu übernehmen. Überwältigt von dieser Offerte habe der Bauch sofort ja gesagt.

„DER BAUCH HAT SOFORT JA GESAGT."

„POMPÖSES KOMMT NICHT AUF MEINE KARTE."

Schon die Oma von Monique Schröder war Lehrerin. Ein Beruf, der die ganze Familie geprägt hat. Und so ist es nicht ungewöhnlich, dass auch sie in diese Fußstapfen getreten ist. Fünf lange Jahre ist Monique Schröder in Weimar zur Erzieherin ausgebildet worden. In diesem Beruf hat sie nie gearbeitet. Immer hat sie hart dafür gespart, das Geld für ein eigenes Café zusammenzubringen. Während ihrer Ausbildung hat sie viel gelernt, auch den Blick auf sich selbst. In Stresssituationen bleibt sie ruhig auch gegenüber ihren Mitarbeitern. Im Fama legt sie Wert auf eine familiäre Atmosphäre. Schon mit 14 Jahren hat Monique Schröder ihrer Mutter beim Kellnern zugeschaut und geholfen. In der Dorfschenke, der Bowlingbahn, im Restaurant am Kyffhäuserdenkmal hat sie erfahren, wie die Gastronomie funktioniert. Heute profitiert sie davon. Im Café von Monique Schröder kann jeder Gast sein Frühstück selbst erfinden. Glutenfreies Brot oder Reiswaffeln, hausgemachter Hummus oder Bio-Camembert, Rührei oder Tomate-Mozzarella, selbstgemachte Marmeladen oder Nusstofu – aus mehr als 40 Bausteinen kann das Frühstück gepuzzelt werden. Auf die Idee mit dem Wunschfrühstück ist die Café-Besitzerin gekommen, weil sie täglich Wurst oder Brot in den Mülleimer werfen musste. Aus ihrer ganz persönlichen Nutzer-Perspektive hat sie dann die Wunschliste zusammengestellt. Auf den Mittagstisch kommt bei Monique Schröder nur Frisches und Gesundes. Je nach Laune entstehen Karotten- oder Kürbissuppen mit Kokos und Curry, Pasta mit Erbsenpesto oder vegetarische Lasagne. Spezialität des Hauses ist der Kuchen. Zu ihren handgemachten Leckereien aus der kleinen Küche hinter dem Tresen gehören Schokokuchen mit Heidel- oder Waldbeeren, Streuselkuchen mit Rhabarber oder Stachelbeeren sowie der Karotte-Walnuss-Schoko-Kuchen. Und beim Genießen all dieser Leckereien und eines Fairtrade Bio-Kaffees aus Äthiopien können die Gäste im Fama ihre Geschichten entspannt austauschen. Vielleicht sind auch einige Gerüchte für die römische Göttin dabei...

FAMA CAFÉ - MONIQUE SCHRÖDER, WINDISCHENSTR. 20, WEIMAR

Schmuck & Objekte

SCHMUCKDESIGN / NANE ADAM

Zahntechnikerin, Kellnerin, Modeverkäuferin – Nane Adam hat schon viele Berufe ausprobiert. Weimar, Erfurt, Chicago, Hamburg, Berlin, Düsseldorf und Heiligendamm – Nane Adam hat an vielen Orten dieser Welt gelebt. In Weimar fühlt sie sich daheim und angekommen. Es ist der Ort, an dem sie ihren Traum verwirklichen kann. Ihr kleiner Laden in der Rittergasse ist seit 2017 Verkaufsraum und Werkstatt zugleich. Dort entsteht individuelles und hochwertiges Schmuckdesign. Die Geschäftsidee wäre in einer anderen Stadt so nicht möglich, davon ist sie überzeugt. Nane Adam lebt von Weimar und seinen Gästen, die aus allen Teilen Deutschlands und dem Ausland zu ihr kommen. Direkt gegenüber der Herderkirche zwischen Nationaltheater und Stadtschloss können sie gleichzeitig Gäste der Stadt sein, oft auch für ein Wochenende. Die diplomierte Schmuckdesignerin verbindet so ihre Geschäftsidee mit den Vorzügen einer einzigartigen Stadt. Geschichte und Kultur verschmelzen mit einem Kauferlebnis. Und weil Weimar für Nane Adam ein Ort mit Lebensqualität und glücklichen Menschen ist, teilt sie die Stadt gerne mit ihren Kunden. Nane Adam beherrscht die Kunst, mindestens zwei verschiedene Metalle zusammenzufügen. Sie zählt damit zu vielleicht 30 Schmuckdesignern in ganz Deutschland, die die Mokume-Gane-Technik anwenden. Die Technik dazu kommt aus Japan und ist mehrere hundert Jahre alt.

„DAS KANN NICHT JEDER."

„ICH HABE
MEINE MITTE GEFUNDEN."

Nane Adam benutzt für ihre Eheringe gerne Silber und Palladium. In dünnen, gerade 0,3 bis 0,5 Millimeter dicken Streifen werden sie immer abwechselnd aufeinandergeschichtet. So entsteht ein kleiner, etwa 7,5 Millimeter hoher Stapel, der etwas breiter als ein Ring ist. Nun wird dieser Mini-Stapel unter einer Last von 15 Tonnen zusammengepresst. Danach kommt der etwa 5 Zentimeter lange Block in einen Ofen, um exakt bei 778 Grad Celsius zu diffundieren. Drin im Ofen werden die Metalle verschweißt und verbinden sich unterhalb ihrer Schmelztemperatur miteinander. Nach bis zu 10 Stunden ist ein winziger Barren entstanden, der Ecken und Kanten hat. Er ist die Grundform für zwei traumhafte Eheringe. Am Montag ist der reguläre Schmiedetag bei Nane Adam. Laufen Passanten durch die Rittergasse an ihrem Geschäft vorbei, dann hören sie die Schläge des Hammers, den die Frau gegen das Metall treibt selbst durch die isolierten Scheiben und Türen. Mokume Gane wird im kalten Zustand geschmiedet – von Nane Adam schon länger als ein Jahrzehnt. Doch zuvor wird der kantige Block in der Mitte durch Millimeter feine Löcher aufgebohrt. Durch diese Löcher kann die Schmiedekünstlerin ein hauchzartes Sägeblatt legen, um eine dünne Kerbe in das Metall zu schneiden. Nun beginnt die harte Arbeit: Nane Adam muss den Block immer wieder erwärmen und abkühlen, erwärmen und abkühlen. Gleichzeitig wird das auf einer langen, runden Feile aufgesteckte Metall von ihr mit einem Hammer bearbeitet. Das Schmieden hat begonnen. Das sei wie ein Dauerlauf, sagt Nane Adam. Durch die fortwährenden Schläge weitet sich die winzige Öffnung langsam und erhält eine runde Form. Nur die Enden des Blocks sind durch die vielen Hammerschläge platt gedrückt. Der werdende Ehering aus den filigranen Händen von Nane Adam ist aus einem Stück und hat weder Anfang noch Ende, er ist unendlich. Unendlich wie die Liebe und das Glück zweier Menschen, wenn sie sich für die Ehe das „Ja-Wort" geben. Diese Symbolik und zwei polierte Mokume Gane Ringe nehmen die Paare mit auf den Weg, wenn sie das Geschäft von Nane Adam verlassen.

SCHMUCK & OBJEKTE - NANE ADAM, RITTERGASSE 1, WEIMAR

Perlentaucher
TAUCHEN SIE EIN UND FINDEN SIE IHRE EIGENEN PERLEN

Perlentaucher
TAUCHEN SIE EIN UND FINDEN SIE IHRE EIGENEN PERLEN

Perlentaucher
TAUCHEN SIE EIN UND FINDEN SIE IHRE EIGENEN PERLEN

Perlentaucher
TAUCHEN SIE EIN UND FINDEN SIE IHRE EIGENEN PERLEN

Perlentaucher

TAUCHEN SIE EIN UND FINDEN SIE IHRE EIGENEN PERLEN

Perlentaucher
TAUCHEN SIE EIN UND FINDEN SIE IHRE EIGENEN PERLEN

Namen & Adressen

21 Altstadtperlen Weimar

1 KERAMINKA
Ute Raabe
Windischenstraße 29
99423 Weimar
03643 / 805326
www.keraminka.de

2 KRAWATTEN KAISER
Rudolf Kaiser
Markstraße 6
99423 Weimar
03643 / 59625

3 STADTELSTER
Jessica Herber
Vorwerksgasse 5
99423 Weimar
0176 / 62789995
www.stadtelster.de

4 MOCCAROT
Bettina Jörgensen
Marktstraße 15
99423 Weimar
0160 / 96454313
www.moccarot.de

5 ARTOGRAPHIE-WERKSTATT
Christiane Werth
Karlstraße 6
99423 Weimar
03643 / 4433266
www.artographie-werkstatt.com

6 DESIGN WE.LOVE
Mark Pohl
Schillerstraße 22
99423 Weimar
0172 / 3562210
www.designwe.love

DESIGN APARTMENTS WEIMAR
Mark Pohl
Fuldaer Straße 85
99423 Weimar
0172 / 3562210
www.hierwargoethenie.de

7 MALERIE
Susanne Steinmann
Geleitstraße 7
99423 Weimar
0176 / 20049304
www.susannesteinmann.de

8 CAFÉ CAROLINE
Anja Lohaus
Herderplatz 8
99423 Weimar
0176 / 84347707

9 ZWILLINGSNADELN
Claudia Köcher
Windischenstraße 29
99423 Weimar
0174 / 3344361
www.die-zwillingsnadeln.de

10 FRANZ & WILLI
F. Lademann & W. Hartmann
Rittergasse 21
99423 Weimar
03643 / 4433069
www.franzundwilli.de

11 KORIAT
Aviv Koriat
Steubenstraße 48
99423 Weimar
03643 / 8552899
www.koriat.de

12 GARTENLIEBE
Jens Richter
Große Kirchgasse 2
99423 Weimar
03643 / 7777888
www.bistro-gartenliebe.de

13 WEINBAR WEIMAR
Philipp Heine
Humboldtstraße 2
99423 Weimar
03643 / 4699533
www.weinbar-weimar.de

14 BROTKLAPPE
Annika & Sebastian Lück
Trierer Straße 46
99423 Weimar
03643 / 4150035
www.brotklappe.de

15 BIEBEREIS
Felix Bieber
Erfurter Straße 35
99423 Weimar
01520 / 3530000
www.biebereis.de

O FRUTO
Flávia Carvalho
Erfurter Straße 35
99423 Weimar
0176 / 72602601

16 KOI.7
Ahyun Rebekka Kim
Schlossgasse 5
99423 Weimar
03643 / 2514091
facebook.com/koi.7weimar

17 SCHAUSCHAU
Bettina Viertel
Teichgasse 4
99423 Weimar
03643 / 906468
www.schauschau.com

18 CAFÉLADEN
Alexandra Tempel
Karlstraße 8
99423 Weimar
03643 / 495850
www.cafeladen-weimar.de

19 PLANBAR
Robert Koch
Jakobsplan 6
99423 Weimar
03643 / 502785
www.planbar-we.de

20 FAMA CAFÉ
Monique Schröder
Windischenstraße 20
99423 Weimar
03643 / 9088786
facebook.com/fama.weimar

21 SCHMUCK & OBJEKTE
Nane Adam
Rittergasse 1
99423 Weimar
03643 / 805962
www.naneadam.de

Impressum

Trotz gewissenhafter Bearbeitung kann eine Haftung für den Inhalt nicht übernommen werden. Für aktuelle Ergänzungen und Anregungen ist der Verlag jederzeit dankbar. Wir bedanken uns bei allen, die uns unterstützt haben.

© 2017 RHINOVERLAG
Dr. Lutz Gebhardt & Söhne GmbH & Co. KG
Am Hang 27, 98693 Ilmenau
Tel.: 03677 / 46628-0,
Fax: 03677 / 46628-80
www.RhinoVerlag.de

Alle Rechte vorbehalten.
Nachdruck, Vervielfältigung und Verbreitung – auch von Teilen – bedürfen der ausdrücklichen Genehmigung des Verlages. Das gilt insbesondere für Übersetzungen, Mikroverfilmungen und die Einspeicherung und Verbreitung in elektronischen Systemen.

Titelbild:
Fassade am Frauenplan in Weimar, Matthias Schmidt
Fotos:
Matthias Schmidt, glueckskind & schmidt Weimar
Konzept, Design, Layout, Satz, Titelgestaltung:
Matthias Schmidt, glueckskind & schmidt Weimar
www.glueckskind-schmidt.com

glueckskind & schmidt
kreative konzepte I architektur raum design

Schrift:
Century Gothic
Konzept, Interviews, Texte:
Michael Hesse, Freier Journalist Weimar
Druck: Алианс Принт ЕООД, София, България

1. Auflage 2017

ISBN: 978-3-95560-895-8